天堂与地狱

给基督徒的盼望与警告的信息

大卫·鲍森

版权所有 ©2022 大卫鲍森事工（David Pawson Ministry CIO）

本书作者已按《版权、设计与专利法案 1988》（Copyright, Designs and Patents Act, 1988）取得著作权并据以保护。

本书于 2022 年经由 Anchor 首次出版。Anchor 为大卫鲍森出版有限公司（David Pawson Publishing Ltd）的商业名称。

David Pawson Publishing Ltd
Synegis House, 21 Crockhamwell Road,
Woodley, Reading RG5 3LE

未经出版社事先书面同意，任何人不得以任何形式或方式通过电子或机械方式（包括影印、录制或任何信息储存和检索系统）复制或传播本书的任何部分。

如欲了解更多有关大卫鲍森的教导资料，包括 DVD 及 CD，可浏览以下网址：
www.davidpawson.com

欢迎到以下网址下载免费资料：
www.davidpawson.org

想查询更多有关资讯，请电邮至
info@davidpawsonministry.com

ISBN 978-1-913472-58-0

由 Ingram Spark 承印

目录

1. 基督的再来（一）   1

2. 基督的再来（二）   23

3. 基督的再来（三）   43

4. 地狱的惩罚（一）   63

5. 地狱的惩罚（二）   83

6. 天堂的奖赏   101

本书源自一系列的谈话。由于其口语化的特质，许多读者会发现风格和我过往的著作不尽相同，但我希望这无损于书中关于圣经教导的实质。

一如既往，我请求读者能将我所说、所写的内容与圣经进行比对，其中若有任何观点与圣经抵触，请务必以圣经上清楚的教导为准。

大卫·鲍森　（1930-2020）

第一章
基督的再来（一）

对于未来，大部分人的态度经常是暧昧不明的；一方面感到憧憬，另一方面却又怀抱恐惧。我们想要知道未来会发生什么，却又不确定是否真的想要知道。假设我有一项独特的恩赐——知识的言语，可以清楚地告诉你，你将在何年何月何日过世。你会想要知道吗？就算那是五十年后的某个日子，你真的会想要知道吗？不会的。有些人和我一样，绝不可能去相信在五十年后的某个日子会发生的事。但我们对此又怀着一种异样的好奇心：想要知道会发生什么事，却又害怕知道。事实上，没有人会想要每年既庆祝自己的生日，又庆祝忌日的。

你会想要知道吗？还是宁可不知道呢？你想要知道世界的末了在什么时候吗？事实上，虽然很有可能是错误的，但科学家提出一个他们推论的世界末日日期。而人们总是对未来带着异样而模糊的感觉，试图透过下列三种方式来预知未来。我将第一种方式称为"迷信"，这种方式包含了占卜、天眼通和占星术。在英国，据说有60%的男性和70%的女性会每天固定查看他们的星座运势。这就是为什么在报章杂志上总是会有这一类的星象专栏。我很开心地告诉你,我不知道自己属于哪一个星座,也不会告诉你我的生日,因为我并不想让你知道。

我宁可不知道,但人们却尝试透过星象来寻找答案,或者使用天眼通来预知未来。天眼通的正确率从来没有超过 5%;或从另一方面来看,天眼通至少有 95% 以上的机率是错误的。既然如此,为什么人们还想要去找这些算命的,又为什么人们会想要知道自己的星座呢?

第二种预知未来的方式比第一种稍微准确一点,我将其称为"科学推论"。现在,许多大学都有所谓"未来学(futurology)"的课程,他们采用的方式就是透过现今的趋势推导未来,并尽可能准确地去推算及预测未来可能会发生的事。

美国的麻省理工学院就是这一方面的先驱,其研究人员认为 2050 年可能会是所谓的世界末日。他们号称根据目前地球上的人口增长、能源资源和粮食资源的情况,届时将会是一个转折点,除非我们能够改变目前的趋势——限制人口增长,并找到新的能源,生命可能无法在那之后继续生存下去。如果这些科学家的计算正确,我们距离 2050 年已经剩下不到 30 年的时间了。顺带一提的是,吉尔福德(Guildford)地区的科学家也得到类似的结论。所以 2050 年是一个被广泛讨论的日期。科学推论对于未来预测的准确率大约是 25%;或从另一方面来看,它有高达 75% 的机率是错的。

第一章 基督的再来（一）

第三种预知未来的方式则更加准确，就是在圣经中的宣告。

所以，你可以选择要使用迷信、科学或者圣经的方式来预知未来。然而，很少人知道圣经中充满了预测。有1/4的圣经经文都和预测有关，圣经总共预测了735个不同的事件。那么圣经预测的准确率到底如何呢？或许这对你来说是一件新闻，但在所有的圣经预言中已经有596件被准确地预测到，其准确率高达80%以上。

这并非代表圣经中只有80%的预测是准确的，因为其余大部分的预测都与末世有关，所以迄今还尚未发生。事实上，当中只有剩下不超过20个预测是发生在耶稣回到地上之前的。所以截至目前，圣经可以说是百分之百准确的。那么，为何人们还会想要使用迷信或科学的方式来预知未来呢？既然圣经预测的准确率高达80%以上，很可能其余的20%也会是正确的，人们大可以透过圣经预知未来，特别是在关乎历史和末世的事件上。

在这总共735个预测的事件中，有一个预测在圣经中出现了318次。而这个最常被提及的预测，指出那位两千多年前曾行走在地上的耶稣将要再回到地上来。所以我们要来讨论的这个预测可以说是在圣经中最多次被预测，也是绝对会发生的一个事件。关于这一点，还有许多我们可以更深入探讨的部分，但我们要先来思考几个比较简单的问题。首先，祂再来的时候会出现在哪里？

其次，祂要如何再来？第三，祂何时再来？第四，更重要的是，祂为何还要再来？

有许多基督徒都相信耶稣还要再来，却从未想过为何祂还要再来。难道祂在第一次来的时候没有把所有需要完成的事做完吗？祂为何还要再来呢？还有就是最实际的一个问题：这对我们会有什么影响呢？容我问你一个问题，好帮助你更多去思想这件事。假设耶稣不会再来，假设祂将待在天堂，我们过世后会去到天堂与祂相会，并与祂一同待在天堂直到永远，而且新天新地在这一切都完成之后才会被创造。假设祂不会再来，而是我们去到天堂与祂相会，并与祂一同待在天堂，这对你接下来的生活会产生任何影响吗？

仔细想想，这是一个很值得你去思考的问题。让我们先来看看第一个问题。祂再来时会出现在哪里？我想在一开始的时候就把事情讲清楚：当祂再来时，祂不会出现在英国、美国或俄罗斯；不会出现在目前世界上任何国家的首都，也不会出现在任何宗教的中心。祂不会出现在罗马、日内瓦、坎特伯雷（Canterbury；英国圣公会大教堂所在地）、纽约或北京。那么，祂再来的时候会出现在哪里呢？圣经上非常清楚地说到，祂将会出现在自己的城市，就是耶路撒冷这座大君王的城。所以如果我们想要见到祂，就得要到那里去。祂当初从这座城市离开，再来时也会回到这座城市。

第一章 基督的再来（一）

有些人认为耶稣再来之时，可能会出现在世界上的任何一个角落，但我觉得他们可能从来没有好好地想过祂无法如此做的原因。因为当祂再来之时，祂会拥有一具人类的身体，而这会限制祂只能一次出现在一个地方，因为有着身体的人是无法同时出现在两个以上地方的。所以当耶稣再来之时，祂会拥有一具人类的身体。传统上认为耶稣的身高大约有178厘米，我并不清楚那是否正确，但我之所以提到这一点是希望你可以了解到，这些物理元素都会有其真实的影响力。当耶稣再来之时，祂会有着犹太人的身体。因此，祂只能出现在一个地方，而无法同时出现在世界各地。这也就意味着，我们必须到祂那里去。事实上，这的确是到时候将会发生的状况——我稍后还会再提到，就是你的第一趟免费"飞行"是飞到圣地去的。祂只会出现在那里，所以我们也要去那里和祂会合，而那个地方就是耶路撒冷，就是那些让我们成为基督徒的故事发生的地点。

接下来，让我们来看第二个问题：祂要如何再来？我想要在此先和祂第一次的降临做一个清楚的对比。当祂第一次降临时，几乎没有人知道。事实上，祂来到地上的前九个月就只有两个人知道。当祂出生时，有一小群的牧羊人和几个从东方来的博士知道。但事实上，整个过程几乎没有引起任何注意。祂的第一次降临没有登上任何新闻版面，也没有人关注。当祂第一次降临时，除了那些认真寻找和研究的人之外，可以说完全没有人注意到那在天空中的征兆。只有一丁点的亮光向我们指出祂出生的地点，但绝大部分的人并没有注意到那颗星星。事实上，由于这些博士是跟随着星星才找到耶稣的，有些人就想要藉此证明占星术曾出现在圣经中，而且是被认可的。但我想要说的是，事实绝非如此，因为占星术的基本概念就是星星所在的位置将会影响到那个出生的婴儿。但在伯利恒，影响到星星的反而是这个小婴儿，这与占星术的基本概念完全相反。而这一丁点的亮光所标志的就是祂第一次的降临。但圣经告诉我们，当祂再来时，整个天空都会被照亮，如同闪电由东照亮到西，整个天空都会被点燃，因此每个人都会知道有非常重大的事发生了。所以，虽然祂第一次的降临非常安静、无人关注，而且非常卑微，但祂的再来却截然不同。事实上，我要先帮大家上一点希腊文的课。在新约当中，关于主的再来，有三个希腊字是在祂第一次降临时没有使用过的，而这每一个字都非常重要。

第一个就是"*parousia*（παρουσία）"这个字，意思就是大驾光临。在古代，这个字通常用于皇室驾临——例如国王或皇后到访的时候。也可以用于军队入侵之时，例如诺曼底登陆的日子就是一个"*parousia*"，因为当天发生的事改变了当时战争的整体局势。这是第一个字，意思就是一个意义重大的到访。

第二个我想要和你分享的希腊字是"*epiphania*（ἐπιφάνεια）"，意思是显现。你是否曾经去过蓓尔美尔街（Pall Mall；译注：伦敦圣詹姆士区的交通干道，街道两旁多为皇室建筑及俱乐部），并于国家庆典中站立在维多利亚女王纪念碑的周围，抬头仰望白金汉宫二楼的阳台，等待着仆役将落地门打开，然后看见皇室人员一一出现在阳台上——这样一个众所期待的时刻呢？群众会爆出一阵阵兴奋的欢呼声。这就是第二个字的意思，也就是走到阳台上，让众人可以看见你，显现在众人面前。耶稣第一次降临时，祂并没有这么做。

第三个字是"apokalupsis（ἀποκάλυψις）"，它的意思是揭露——不是在众人面前赤身露体，而是显现出真实的样貌。当耶稣再来之时，你看到的将不会是一个躺在马槽中的婴孩，祂会以祂的本相显现，就是神儿子荣耀彰显的样式。如果你曾经见过英国女王在英国国会出席的画面，你可以注意到她戴着皇冠和珠宝坐在荣耀中的样子，因为她是以女王的身份来到国会的。当耶稣再来之时，祂也会以祂的本相显现在众人面前。祂会被显明出来，众人将看见祂的荣耀。第一次降临时，祂的荣耀是被隐藏起来的，所以那些画着祂有光环围绕的图画都是不准确的。祂在四处行走时也没有光环围绕。

事实上，如果祂当时真的那么做的话，人们一定会想要问祂一些问题的。但事实上，祂无佳形美容使人羡慕。对大多数人来说，祂仅是一名来自拿撒勒的木匠，祂的荣耀被隐藏了起来。但是当祂再来之时，祂的荣耀将不再隐藏，所有的人都要看见祂的荣耀。因此，祂的第一次降临和祂的再来会有着极大的反差。但是，祂第一次的离去和祂的再来则没有任何不同。你会不会觉得这听起来好像有点奇怪呢？容我来解释一下我想要表达的意思。假设在耶稣升天回到天父身边的那一天，你人刚好就在橄榄山上，并随身携带了一台摄影机。你将耶稣升天直到消失的过程全程用摄影机录了下来。又假设你现在手上拥有那卷录像带，并知道如何将那卷录像带倒播，那么你将可以看到祂要怎样再来的画面。因为天使对那些定睛望着祂升天的人说："你们为什么站着望天呢？你们见祂怎样往天上去，祂还要怎样来。"所以，虽然祂的再来和祂的第一次降临可以说是完全不同的；但除了次序会颠倒过来之外，祂的再来和祂第一次的离去是一模一样的。首先，祂会在云中显现。顺带一提，到时候将会是一个吹西风的日子。我之所以能够这么说的原因是因为以色列只有在吹西风时才会有云。当风由其他的方向吹来时，都是来自沙漠的方向，因此那时的风是干热的；但从地中海吹来的风会带有湿气，因此你可以看见一朵人手大小的云逐渐形成，愈变愈大，然后才开始下起雨来，所以我们知道到时候会是吹西风。容我再说一次，我之所以要提到这些，是希望你可以了解，我们所谈的都是真实的事件，这些不只是彩绘玻璃或童话上的故事而已。我们所谈论的事将会真实发生在我们的世界当中，因此我们才能清楚地提到西风和积云。我喜欢在云间飞翔，你呢？俯瞰着反射阳光的云彩将会是现实环境中最接近神舍吉拿（Shekinah;

第一章 基督的再来（一）

译注：希伯来文"神同在的居所"的意思）荣耀的事物了。因为你会发现云彩经常和神的荣耀有所关联，特别当阳光照射在像山脉一般堆积起来的积云上面时，所以我很肯定云彩是最接近神荣耀的一种表现方式了。

这就是祂再来的方式。我已经告诉过你将可以见到什么，但我最好也告诉你将可以听到什么。如果你不喜欢嘈杂的聚会，你最好不要出现在那个场合，因为那将会是历史上最嘈杂，同时也是最大的一场聚会了。我的祖父也是一位牧师，他安葬于泰恩河畔纽卡斯尔（Newcastle upon Tyne；译注：工业革命时期英国的重要工业都市），在他的墓碑上写了一个词。这个词不是"安息（Rest in Peace）"，也不是圣经上的经文，而是出自于循理会赞美诗集中一首古老诗歌的三个字，"多么棒的一场聚会！（What a meeting!）"那些不明所以的人想必会为着他墓碑上所写的这些字感到纳闷吧！

虽然有时基督徒的日程中充斥着各式各样不同的聚会，但那一场聚会将会是最棒也是最大的一场！世界上没有任何一个体育场可以容纳得下这么多人，因此我们需要在天空中举办这场聚会。届时你将能免费"飞行"到圣地去。想象现场的声响！大天使大声呼喊，号角的声音大到可以将死人吵醒过来——这也是会发生的真实事件。我有一个很特别的想法：你绝对不用担心自己在这些发生之前就已经过世，因为果真如此，你将获得最前排的保留席，这是圣经上的应许。保罗告诉帖撒罗尼迦的基督徒说:"不用为那些睡了的人忧伤,他们不会错失任何事。"绝对不会!当主耶稣从天降临时,会有神的号角吹响,那些在基督里死了的人必先复活。这所说的就是,他们会先到那边去,而我们这些还活着的人稍后才会追上他们。

所以,保罗说:"你们当用这些话彼此劝慰。"如果你已经过世的话,你将能坐在最前排的位置。所以无论如何,我们都赢定了。如果我们还没过世,我们将会直接得着全新的身体,因此完全不需要请殡葬业者来丈量我们的尺寸,这真是个好消息。这就是主耶稣显现的方式,到时候会有数以亿计的人出席。现在世界上大约有24亿人承认自己是基督徒,所以那真的会是一场"大"聚会。更不用提天使了,无数的天使也会加入其中。我实在无法想象到时候的演唱会像是什么样子的。那主耶稣何时再来呢?在这里,我们会遇到一些问题。基督徒很喜欢猜日期,所以我把一些知名的基督徒所提到的日期记了下来。有一位先生名叫米勒(William Miller;译注:1782年~1849年,基督复临安息日会创办人),他说主耶稣会于1843年再来。顺带一提的是,如果你想要猜测主耶稣再来的日子的话,我建议你去猜一个在你过世之后很久才会来到的日子,因为这样你就不需要亲自去面对他人的批评。找一个很久以后的日期会比找一个接近的日期明智许多,但米勒却说是1843年,这是他在基督复临安息日会(Seventh-day Adventist)运动时期所提出的。

第一章 基督的再来（一）

还有一位名叫罗素（Charles Russell；译注：1852年～1916年，耶和华见证人创办者）的人，他宣称主耶稣会在1914年再来，并创办了耶和华见证人（Jehovah's Witness）运动。但不要以为只有异端和邪教才会去猜测主耶稣再来的日子，马丁·路德（Martin Luther；译注：1843年～1546年，宗教改革的发起者，信义宗创办人）就说主耶稣会在1636年再来。他很"聪明"，因为那时他早就已经过世。约翰·卫斯理（John Wesley；译注：1703年～1791年，卫理宗创办人）也一样很聪明，因为他说是1874年。大部分的基督徒也都想要找到答案，知道耶稣再来的细节和流程。 在我们的世代中，许多人曾说，"我们是那末后的世代。"不知道你是否曾经听人这样说过？有许多人问我，"你认为主会在我们这个世代再来吗？"每个世代都如此盼望着。

但耶稣说："但那日子、那时辰，没有人知道，子也不知道，惟有父知道。"所以如果有人告诉你说"我知道那个日期是什么时候"，建议你保持谨慎。话虽如此，我还是要告诉你，虽然我不知道在哪一年，但我应该知道是哪一个月份。我待会会再回到这个部分。但如果连耶稣自己都不知道那日子会在什么时候，我们又怎么可能知道呢？当祂的门徒问祂，"请告诉我们，你的降临会有什么预兆和记号呢？我们要如何知道这事会发生在什么时候呢？"耶稣则将需要留心的记号和预兆告诉了他们。祂说："你们要警醒（watch；译注：亦可翻译为观看、留心）祷告。"那我们需要留心什么呢？如果我们留心的是祂的再来，我们可能整天无所事事，什么都不去做了，所以主耶稣并不是要我们去留心祂的再来。祂说："留心我再来的预兆。"接着，祂告诉我们会有哪些预兆。

多年前，我喜欢跑去看火车。事实上，我现在也还是会去，但是当我还是个孩子时，我很喜欢去看火车。那时候，伦敦及东北铁路局（London and Northeast Railway；LNER）的火车会经过我的家乡——泰恩河畔纽卡斯尔。你可能不知道的是，在纽卡斯尔中央车站（Newcastle Central Station）外有着全球最大的铁路平交道。我常会跑去站在月台的最尾端，鸟瞰着由伦敦及南方来的各条铁道与由苏格兰和北方来的各条铁道交汇于那个巨大的铁路平交道。目前为止，这里是全英国最佳的火车观看地点，所以我很早就学会要如何观测火车来临的信号了。

不知道你是否还记得过去的情况？那个时代的火车信标还不是灯泡的形式，而是一块会上下移动的大板子。你需要去观测的信号有四个。一个是距离信号（distance signal），是一块黄色的板子，上面印有一条黑色以及在末端">"形状的条纹。距离信号是最远的一个。接下来有远处进站信号（outer home signal），是一块红色的板子；再来是近处进站信号（inner home signal）；最后才是所谓的发动信号（starter signal），它位于月台上，目的是为了要确认火车已经可以发车，这就好像在说：接下来的路线已经清通了。我们所要留心的就是这

第一章 基督的再来（一）

四个信号。当远端信号放下来时，你会知道火车已经在几公里之外了。当火车进到下一段时，远处进站信号就会放下来。

当你看到近处进站信号放下时，你会感到非常兴奋，因为火车已经来到转弯处了。当发动信号放下时，火车也就进站了。你可以借由这些信号知道火车距离车站还有多远。耶稣也给祂的跟随者四个信号，或说是四个预兆，每一个都是非常清楚的。祂说要留心这些信号。祂说：第一个信号会出现在世界上，因此要留心出现在世界上的第一个信号；第二个信号会出现在教会，因此要留心出现在教会的第二个信号；第三个信号会出现在中东，因此要留心出现在中东的第三个信号；第四个信号会出现在天空，你将可以在天空看见第四个信号。

基督徒经常会把这些预兆弄得非常混乱，但这四个预兆是从耶稣口中直接说出来的。我的原则就是透过耶稣所说的话，再去寻找圣经中吻合的部分。主耶稣把一个简单的架构给了我们，再让我们自己去把其中的细节补上。第一个信号会出现在世界上，由各样的灾害所组成。耶稣特别提到了三种灾害：地震、战争和饥荒。祂说："你将会越来越常看到这一类灾害的发生。"

我曾经去到菲律宾的碧瑶市（Baguio）。一开始时，我并不知道当地曾经发生过非常严重的地震。我当时去到凯悦国际酒店（Hyatt International Hotel）骇人听闻的废墟现场。十五层楼高的建筑倒塌下来。因为来不及将尸体抢救出来，他们必须在废墟上喷洒消毒水。所有美国和日本的游客都被埋在下面，连街道都整个裂开。我从未经历过那样的地震，也无法想象当时的情形有多惨烈。饥荒：世界各地都有饥荒，并不断地在增加中。战争：我之前并不知道，但从第二次世界大战结束至今，全球已经有超过两百场以上的冲突，有些甚至还在进行中。耶稣说，当你听到这样的事时，那就是第一个预兆。

祂说："你们心里不要忧愁"，因为这不是结束，而是开始。这些不是死亡的痛苦，而是婴儿将要出生的阵痛。虽然这个过程是痛苦的，但这是新宇宙临到的阵痛。这些为人类将要经历的整个过程带来了不同的意义。这并不是代表基督徒可以对这些灾难的受害者毫无怜悯、麻木不仁，但我们也不可以说："我不知道发生了什么事？"而是我们应该要说："我知道事情的结果会如何。"这是基督徒在做见证时很有意义的一句话。当人们说，"我不知道世界的结果会如何"时，我们轻声告诉他们，"我知道事情的结果会如何"，然后看看他们会有什么反应。这将会是一个很好的开场白，但耶稣教导说，这就像预产的母亲所感受到的第一次宫缩。这些宫缩所代表的是一个开端，而不是结束。

在这所有的痛苦和劳累当中，有些东西会被生产出来。在这个宇宙的生产中，有些东西会被生产出来。实际上，保罗说一切受造之物一同叹息、劳苦。你可以听见地震的声音，那是一种叹息、劳苦的声音。地震是天

第一章 基督的再来（一）

然的灾害，战争是人为的灾害，饥荒则是两个都有。但耶稣说，这只是末期的开始，在那之后还会发生其他的事，所以你们心里不要忧愁。祂警告我们说，当这些灾害遍满世界各地之时，假弥赛亚和假基督将会兴起。我们将会看到很多这个类型的人物出现。我曾经在一本周末出版的杂志中看到一个人说："我就是耶和华，我来拯救世界了。"这样的人已经出现在世界各地。

你知道吗？现今的世界正被一场接着一场的灾害所袭击，因此人们想要寻找一位可以帮助他们脱离这些困境的人。他们想要寻找一位可以信赖的强人，这将为假基督制造良机。因着这些即将来到的灾难，我们可以预期在这个世代中会有越来越多像这样的假弥赛亚出现。我们现在已经看到了第一个预兆，伴随着这个预兆的危机就是：假基督的危机。但基督徒应该不太可能会被这些假基督所欺骗。

前一段时间，我收到一封来自斯塔福德郡（Staffordshire）的信，信中写道："亲爱的大卫，我原本以为你是一位福音歌手，因而买了一卷你的录音带，却很失望地发现当中没有音乐，只有讲道。但我仔细地听了你讲道的录音带，事实上，我就是你所谈到的那一位。我就是基督，我来拯救世界了。"他以绝佳的文法和工整的字迹写了14页的内容来告诉我这件事。随着更多的灾害袭击世人，我们将会看到越来越多这类人出现；因为灾害会为这些假弥赛亚提供一个属灵的真空让他们有机会进入。

接下来是第二个信号,这个信号会出现在教会。如同第一个信号有三个特征,就是三种灾害:地震、战争和饥荒;第二个信号也有三个部分,但它们都会出现在教会中。第一个部分就是普遍性的逼迫,列国会憎恨教会,并在各个层面对教会施压。这在过去两千年中从未真正发生过,但现在却比从前更有可能发生。在全球大约193个国家中,只有20个左右的国家没有对教会施压,但这个数字还在不断减少中。事实上,第一个对基督徒施压的征兆已经出现在像英国这样所谓的"基督教国家"当中。如同现在出现在教育领域的情况,压迫正逐渐临到基督徒头上,而平权法案也被用来针对基督徒。

所以,压迫会临到基督徒。耶稣所说的第二个记号的前半部就是世界会普遍性地逼迫教会。接着就是这个记号的后半部,主耶稣说许多人的爱心会渐渐冷淡。换句话说,压迫会将挂名的基督徒和真正的基督徒分别开来。在压迫之下,那些只在星期天才去教会的基督徒很快就会消失。我曾经听说过多年前发生在铁幕中某个国家的一场祷告会,两名带着机关枪的士兵闯入祷告会中说:"我们要杀死在场的基督徒"。那些基督徒以为他们喝酒醉了,却发现他们非常清醒。接着,他们说:"如果你不是基督徒,可以赶快离开。"一些人起身就跑了出去,然后这两个士兵才对剩下的人说:"可以请你们告诉我们要如何成为基督徒吗?我们需要在和你们谈话之前先确定你们真的是基督徒。"这样的事件会如何影响教会的祷告会呢？耶稣说会有普遍性的压迫，而这所产生的结果就是许多挂名的基督徒会离道反教。但这不但不是坏消息，反而会是个好消息，因为第三个部分的记号就是：耶稣说福音要传遍天下。换句话说，压迫会将教会分别、炼净，使其能够更积极地去完成耶稣要我们去做的事，也就是将福音传遍天下，而这正是我们现在看见的。你可以看到这样的情况发生在今日的中国。在中国，有一些村庄信主的比例已经高达 80%。在压迫之下的教会迫使那些原本就不会去做这个工作的挂名基督徒离开，因此教会越受压迫就越快速的成长。

我们不需要为受逼迫的教会感到可怜，反而要羡慕他们。我记得多年前去到前捷克斯洛伐克（Czechoslovakia）时，我们告诉他们英国的教会在为他们祷告。他们说："你们为我们祷告？为什么呢？是我们需要为英国的教会举行祷告会才对吧，因为你们在属灵上已经比我们贫穷太多了。"这帮助我们更加了解自己的状况，也使我们更加谦卑。所以我们要去注意的第二个信号就是：全球各国对于教会的施压，挂名的基督徒离道反教，剩余的基督徒则会将福音传遍天下，完成我们的工作。这就是第二个信号。

主耶稣说，第三个信号会出现在中东。祂在此引用了先知但以理所说的话：但以理在他关于未来的预测中连续三次使用了这个词，就是"那行毁坏可憎的"。这个词其实并没有翻译得很恰当，但我觉得英文无法真正表达这个字原本在希伯来文中的恐怖感。这个词的意思是令人厌恶、可憎，且冒犯人的事物。就某个层面上来说，这个信号在耶稣来到之前就已经成就了，一位名为"安提阿古·依比芬尼（Antiochus Epiphanes）"的希腊皇帝，他在大军的最前头漫步走进耶路撒冷，并作出最无法令人想象的事。

他进到耶路撒冷的圣殿，在祭坛上杀了一头猪，并将猪肉放在坛上献祭，又将周围的小房舍改建为妓院。这是他当时在圣殿中所做的事，也是发生在犹太历史上最恶心、最亵渎的行为。所以他们认为安提阿古·依比芬尼就是"那行毁坏可憎的"。就某个层面来看，他的确如此，或者说他是在预表那行毁坏可憎的。但在临近历史的尽头时，我们将会看到一位保罗在帖撒罗尼迦后书第二章中称为"大罪人（the man of lawlessness）"的人站出来说："除了我自己的意志之外，我不承认任何法律"；一个将自己高举为神的人，将自己放在神的位子上。要注意的是，这个人会在中东出现，而且那些可怕的事还要再次发生，在神的名被尊为圣的那个的地方，他要来向神骂阵。

耶稣说："住在耶路撒冷那一带的人，一看到这个人出现的时候，就要尽快离开。不要留下来打包行李，要迅速离去。"祂真正要传达的信息就是：在世界其他地区剩余的基督徒先不要移动，待在你所在之处就好。不要移动。耶稣说："最重要的是，要相信你们所看见的，而不是你们所听见的。你们会听到有谣言说我已经来了，

第一章 基督的再来（一）

或我已经去到某个地方了。但你们不要听信那些谣言。不要让你们的耳，不要让你们所听见的事误导你们。你们要警醒等候我。"

顺带一提，我应该要说明在第二个记号出现时会有的危机就是假先知的危机。我所担心的是，虽然教会中的基督徒不太可能去相信假弥赛亚，却很容易会被假先知所欺骗。他们总是说："平安了！平安了！"但其实没有平安；他们总是说："不用担心，这些事不会发生。"他们只想要让人们感到平安舒适，但真正的先知更在意的是将事实说出来，哪怕有时这些实话会伤到人。所以，我们看到第一个信号会出现在世界上：紧接在灾害和假弥赛亚的危机之后，会有世界的逼迫。第二个信号则是对普世的教会施压，挂名的基督徒会离道反教，剩余的基督徒则会完成将福音传遍天下的工作。当中的危机就是假先知，他们会告诉教会不用担心，事情不会变得更糟。第三个信号就是耶稣所说会有假弥赛亚和假先知的危机。这灾难真的是非常严重！到那时，我们真的必须要有非常坚固的信仰，不去听信他们所说的话。

基督徒真的很喜欢八卦新闻，不是吗？你知道最新的八卦新闻是什么吗？耶稣教导说：用你的眼，而非你的耳。警醒。会有许多假先知告诉你神在说些什么。会有许多假弥赛亚说他们是基督，因为尸首在哪里，鹰也必聚在那里。他们就是那些秃鹰，想要在一堆的烂摊子中替自己捞一点好处。而在第三个信号中，我希望你能注意到两件事。首先，我希望你注意到基督这时候还没再来。或许有些人会说祂已经来了，但基督说：不要去理会这些人。基督还没再来。我希望你能仔细留意的第二件事就是，基督徒在这个时候还没离开。如果我们将这两件事放在一起，我们会看见在中东将有一场大灾难，这个大罪人——或称为敌基督——会引发许多事端。所以第三个记号会伴随着中东的政治局势，这样一来不就很清楚了吗？但基督这时还没再来，基督徒也还没离开。

接下来，我们要来看第四个，也是最后一个信号。这个将会出现在天空的信号就是：日头会变黑，月亮也不放光，众星也要从天上坠落，一个接着一个，直到天空一片漆黑。到时候天空将完全没有自然光。而这第四个信号令我感到非常兴奋。我还记得年纪很小的时候，我们全家去戏院观赏圣诞节的哑剧。我现在还记忆犹新。我们去到泰恩河畔纽卡斯尔的皇家剧院（Theatre Royal），我坐在包厢中看着舞台。当时，我感到非常兴奋，每个人都在讲话。有很多家庭都去那里欣赏圣诞节的哑剧。随后，现场的灯一盏一盏地暗掉，直到我们坐在一片漆黑当中。我记得那时我的心狂跳着说："就要开演了。"现场一片寂静。接着舞台的帘幕向两侧拉开，突然间灯火通明，然后演出就开始了。

这完全就是第四个信号的样子。神会将所有其他的灯都熄掉，好让耶稣的荣耀成为惟一的光，如同闪电从

第一章 基督的再来（一）

东发出直照到西，从水平线的一端到另一端。到时候将只有一个光源，但那不是由日头、月亮或星星所发出的。刚刚我已经提到过其他三个信号出现时所伴随的危机为何。第一个信号的危机是假弥赛亚；第二个信号的危机是假先知；第三个信号的危机是假先知和假弥赛亚。那第四个信号的危机是什么呢？答案是，没有，因为它一下子就结束了。所以当你注意到这个信号时，抓紧你的帽子，因为你就要出发了。你会听到一些声音，像是号筒的声音，然后你会听到号筒的大声。所以，当你看见所有的光都熄灭，闪电从水平线的一端发出直到另一端，并且听到号筒的大声回荡在全世界时，你要坚持下去，因为你就快要与祂相遇了。

这就是关于祂何时再来的答案，除了一件小事之外。稍早前，我曾经提到说，我知道耶稣会在几月的时候再来，因为耶稣的行事完全依照神的时间表。而在神的历法中，每一年都有三个重要的节期：逾越节、五旬节和住棚节。耶稣在逾越节过世，在五旬节时将祂的圣灵差派到地上来，但住棚节的应许还没满足。提醒你，如果你仔细研读圣经的话，你会发现耶稣是在九月底、十月初住棚节的时期出生的。约翰说，道成了肉身，住在我们中间。所以如果你仔细推算，那应该才是主耶稣真正出生的时候，而不是十二月。祂出生于九月底或十月初的这个时节，但我相信祂的再来也将非常准时，不会迟到。因为在住棚节之前的节期就是五旬节，而在新约中，每一次提到号角时都是在宣告关于主耶稣再来的这件事。所以祂会在某一年的九月或十月再来，但我无法告诉你这件事会发生在哪一年。我们现在就要来看一个更重要的问题：祂为何还要再来？另外就是，这会对我们的生活产生什么样的影响？

第二章
基督的再来（二）

我在上一章中分享了四个信号，或称为预兆，是耶稣告诉我们在祂再来之前会发生的。在这四个记号中，我认为有一个半已经可以算是出现了，但以现今的局势来看，谁敢说其他的两个半个不会很快就发生呢？实际上，世界的变化如此之快，我们决不能继续固执己见。但比"祂何时再来？"更重要的一个问题是"祂为何还要再来？"这是一个非常真实的问题。若不是因为什么重大的理由，祂应该是不需要再来的。

在新约的希伯来书中，有一节令人感到惊讶的经文说，祂将来要向那等候祂的人第二次显现，乃是为拯救他们。这真的很令人感到困惑。祂的第一次降临不就是为了要带给我们救恩吗？而且你也可以注意到，经文中提到这次的救恩并非要给世人或是未信者，而是要给那些等候祂的人。因此答案就是，我们还没得救。但我们不是已经得救了吗？事实上，救恩是一个过程，而在我们的全人当中还有一部分是尚未得救的——一个你可以看见的部分，也就是我们的身体，其实还未得救，身体目前还在罪和死的律的管束之下。如果主耶稣没有回来，我们的身体就会死亡腐烂。

那么，为什么祂需要回来完成我们的救恩呢？不要误会，祂已经完成祂所需做的一切，使我们能够得着圣洁和饶恕。祂不需要再一次被钉十字架，因为这些都已经完成了，但还有一些事是尚未完成的。祂回来是要为我们这些等候祂的人带下完全的救赎。

关于祂为何需要再来，总共有五个理由，但我个人认为，当中没有任何一个理由可以单独成为祂为何需要再来的充分理由。第一个理由非常简单：祂要来接我们，与我们相会，并将我们带去与祂同在。祂说："若是没有，我就早已告诉你们了，我去原是为你们预备地方去。"意思就是说，耶稣已经回到天家去当一个木匠来为我们预备地方。你明白吗？主耶稣非常擅于制造，祂要为你在天父的家中预备一个地方。然后祂说："我必再来接你们到我那里去，我在哪里，叫你们也在哪里。"

有一次，我和一位曾经参加教会以色列参访团的老太太交谈。她提到自己在耶路撒冷阿拉伯区的市场闲逛，旧市集中充满了各样的小商家。她想要去邮局买一张邮票，好将明信片寄给她的女儿。于是她向一位阿拉伯籍的店家问到："请问邮局在哪里呢？"那个人告诉她："沿着这条巷子继续走下去，注意左边的那个出口，往上走几个台阶直到你来到一个叉路口，在那里右转，再注意那条小巷右转的第二个路口。"他越说越多，她整个人也越听越迷糊。

第二章 基督的再来（二）

最后，他终于了解到她根本就不可能找到路，所以他转身把小店关了起来，把百叶窗锁上，然后挽着她的手说，"我就是道路"，并带着她走到邮局。当她和旅行团的其他人再次聚在一起时，她非常兴奋地说："猜一猜我今天早上学到了什么？"她说："我一直对耶稣为什么会说'我就是道路'感到不解。"她继续说："现在我终于明白了。祂的意思就是说，祂会带我去到那里。我不需要知道路线，因为祂会带我到那里去。"

主耶稣再来所要做的事包括下列这些：祂要来接基督徒，意思就是说祂会回到地上来，而我们也会与祂一同来。如果你是属基督的人，那你也会在这当中。不知道你是否曾经想过，如果基督还要再来，你也会与祂一起再来？你是否曾经和你的朋友分享过，你在过世一段时间之后，将会再回到地上来呢？不是以所谓轮回的方式，因为如果你相信轮回，那么当你再来时，你并不确定自己会以什么身份再来——可能是一只鸭子，没有人知道。但基督徒再来时，他们会以原有的身份再来。我们会知道自己是谁——我们会再次回到这里。

你是否了解，我们会在地上得着我们新的身体？不是在天上，而是在地上。我们会从死里复活，并在地上获得新的身体。我已经等不及要得着我新的身体了。你是否知道我到那时候会是几岁呢？我现在岁数已经很大了，有些时候，我甚至可以很清楚地感受到我身体的老化。我的孩子们都认为我已经是一脚踏在棺材里，一脚踩在香蕉皮上了；但无论如何，我还在世上。但是当我得到新的身体时，我将回到33岁，因为圣经上说，我所得着的荣耀身体将和祂的一样，那祂当时是几岁呢？我已经迫不及待要重回33岁了。

我曾在英国西部的某个郡为一位亲爱的基督徒弟兄主持丧礼。他的年纪不算太小，但死于可怕的疾病中，因此在他生前的最后几个月中，容貌变得相当丑陋。在丧礼上，我恰好说到，"当你们下次再看到他时，他将只有33岁。"突然之间，他的遗孀和女儿像是歇斯底里一般地开心了起来。事后，我询问他们为何会有那样的反应。他的遗孀说："我昨晚在整理他的文件时，恰好看到他年轻时的照片，那时的他长得非常帅，还有着浓密的头发。我那时候就对着相片说：'亲爱的，这是我会记住你的样子，而不是你过世前的模样。'"然后她又说到："那张照片刚好是在他33岁时拍的。"

他的女儿也说："我那天晚上做了一个和爸爸有关的梦。我们在海边玩耍，一起在水里嬉戏，我感到非常开心。突然，我醒了过来，发现那只是一场梦。"但她说："我们一起去海边玩耍时，我才9岁。而我9岁的时候，爸爸刚好是33岁。"这也难怪他们听到我所说的话时，会感到欣喜若狂。

你知道吗？我们将会得着新的身体。耶稣不只要拯救我们的灵魂，祂对于我们身体能得着拯救也很感兴趣。事实上，祂对所有的受造能得着拯救非常感兴趣。

第二章 基督的再来（二）

一切受造之物一同叹息、劳苦，切望等候我们得着新的身体，因为当我们得着全新的身体时，也就是一切受造之物得着他们新身体的信号了。而这所有的一切都会在地上发生，复活也会发生在地上，因为我们在地上才需要新的身体，新的身体也是在地上被重新创造出来的。

所以主耶稣再来的第一个理由就是来与我们相会，并赐给我们新的身体——就在地上。我们会在地上与祂相会，哪怕我们在这段期间就已经过世。而祂再来的第二个理由就是，祂不只要来接基督徒，还要来转化犹太人。犹太人至今仍是神的选民。神厌恶离婚，所以祂没有休掉以色列，而圣经向我们所启示的其中一个最奇妙的奥秘就是，神对犹太百姓的未来还是有一个美好的计划。

当犹太人看到拿撒勒人耶稣时，他们会有什么样的感觉呢？圣经告诉我们说他们会有什么样的感觉。圣经说，当他们了解到这几十个世纪以来，他们之所以会有这些悲剧的原因就是错失了他们所期待的那位弥赛亚，那时，他们会像丧掉独子一般哀哭。你可以想象那个画面吗？他们所受的一切苦难，那些他们原本不用受的痛苦——他们将因此哭泣。而只有一件事可以使犹太人成为耶稣的信徒，就是知道祂仍然活着。这就是保罗在前往大马士革的路上，发生在他身上的事。

有一次我在剑桥郡（Cambridgeshire）伊利市（Ely）附近讲道，会众当中有一位二十五、六岁的美丽犹太女士。她在聚会之后来找我说："鲍森先生，你是想要告诉我，这位拿撒勒人耶稣仍然活着，是吗？"我说："那就是我的意思。"她说："果真如此，祂一定是我们的弥赛亚！"你注意到了吗？她在这里用了一个小小的所有格"我们的"。我说："是的，祂是犹太人，因为救恩是从犹太人出来的。"她说："没错，"然后继续说："如果祂还活着，那我要如何找到祂呢？"我说："你现在就可以尝试和祂说话。"而她也果真当场就和祂说话。

你知道吗？在十分钟之内，她已经开始在教导我关于圣经的事了——她已经全都懂了，除了一条重要的线索。她说："然后这个，然后这个，然后这个！"我很羡慕犹太百姓；他们已经全都懂了，除了一条重要的线索。当以色列全家都来仰望自己所扎的人时，将会发生什么事呢？耶稣仍然爱着祂的犹太百姓——他们是祂的兄弟。祂将要再次来到耶路撒冷，而当祂再来之际，耶路撒冷必定会是一座犹太城市，一座与届时的世界局势有着重大关联的城市。

第三个理由：祂要来征服祂的仇敌。祂上次进到耶路撒冷时是骑在一匹驴驹上，但祂这次将要乘马而来——截然不同的显现。和平君王所乘的是驴驹；战士则是使用马匹。这又是在祂的第一次降临和再来之间的另一个对比。祂要来到耶路撒冷与祂的仇敌争战，并将仇敌清除。圣经告诉我们说，在历史的结尾之前，世界会掌控在三个人的权下，他们所代表的是不圣洁的三位一体，是圣父、圣子、圣灵的一种低级替代品。魔鬼会站在代表天父的

第二章 基督的再来（二）

位置上，敌基督会站在代表基督的位置上，而假先知则会站在代表圣灵的位置上。这个不圣洁的三位一体会掌控着当时的社会环境，而耶稣要来清除它们。祂要来与它们争战，将它们征服，并一劳永逸地清除它们。

我要大喊哈利路亚！祂要来终结它们——把邪恶终结。所以祂的再来特别是要来将魔鬼终结，而祂会以狮子而非羔羊的身份前来。有时我们会用羔羊来形容主耶稣，但这很容易造成误导。事实上，我不喜欢用羔羊的形象来形容主耶稣，因为这会让我联想到一只毛茸茸、才刚几周大的白色小东西；但事实上，圣经中所谈到的羔羊是指一岁左右、角已经长好的公山羊，那是正值壮年的公山羊形象。所以我比较喜欢称耶稣是神的公山羊（Ram of God）。祂既是犹大的狮子，也是神的公山羊，两者都是很强壮的形象，而且祂要来征服仇敌。

"向那将再来的君王高歌。

荣耀归耶稣，被杀的羔羊。"

邪恶将要被终结，良善将会得胜，这也就意味着我们将活在一个拥有道德的宇宙中。这是一个非常重要的观点。大部分人会说："这个宇宙没有道德，恶人得以逍遥法外，好人却要受苦，因此我们的宇宙没有道德。"他们所看见的是，恶人得胜，好人被消灭。但我们可以说："这个宇宙会有道德，因为耶稣要再来将一切的邪恶都清除。"

问题来了，那为什么主耶稣没有在祂第一次降临时就将邪恶清除呢？为什么祂没有在第一次降临时就将撒但一劳永逸地打败呢？为什么祂没有在第一次降临时就将所有的假基督和假先知都驱逐出去呢？答案非常简单。如果主耶稣在第一次降临时就将所有的邪恶都除尽，有谁能够存留下来呢？我们总以为我们能够存留下来。但这不会很奇怪吗？"为什么主耶稣不来清除他们？"——这是我们的呼求。但我们却不会呼求说："为什么主耶稣不来将我们清除？为什么祂不来阻止我破坏祂所创造的世界？"我们从来不去这么想，却总是认为这是其他人的错。这岂不是很有趣吗？如果耶稣在祂第一次降临时就将所有的恶人和恶事都除尽的话，我们现在就不可能坐下来读这本书了。更清楚地说，我们甚至不可能在这里读这本书，因为如果主耶稣真的照着我们所当得的来对待我们，我们就不可能存活到现在。但因着祂的怜悯，祂的第一次降临是为了在祂来将所有的错事都清除之前，先给我们改正的机会。这就是为什么犹太人虽然期待弥赛亚只会来一次，但新约中最大的秘密就是弥赛亚会来两次；第一次是为了我们的饶恕和圣洁而来，第二次才是来除掉所有的邪恶。感谢主，祂没有将这个次序颠倒过来，否则我们将没有任何一个人会有任何机会。这是天国极大的奥秘，就是天国的降临会分成两个阶段。

　　下一个关于祂为何需要再来的理由就是，祂要来审判世界。这同样令人感到震惊。但事实就是，天父不会

第二章 基督的再来（二）

自己来审判人类，祂已经将这个重责大任委托给了祂的儿子。我们到时候不是站在天父面前，而是祂儿子面前。至于神为什么决定要这么做，我可以给你一个非常好的理由。如果人类是站在天父的宝座前受审的话，我们会说："神啊，不应该是由你来审判我们才对，因为你不知道身为一个人像是什么样子的，你不知道在地上生活的压力是什么样子，你不知道受试探像是什么样子的，你不了解被憎恨像是什么样子的，你不了解被诬告犯罪像是什么样子的。你不了解。"但没有任何人可以对耶稣这位审判官说这样的话，因为祂了解这整个情形。

祂知道被诬告犯罪是什么样的感觉，祂知道被认为是私生子是什么样的感觉，祂知道随时随地都被试探是什么样的感觉。所以祂才是要来审判我们的那一位。因此，本丢彼拉多将有一天会被耶稣审判，穆罕默德将有一天会被耶稣审判，佛陀将有一天会被耶稣审判，孔子将有一天会被耶稣审判，戈尔巴乔夫（Mikhail Gorbachev；译注：前苏联领导人，任苏共总书记期间促成苏联的解体）将有一天会被耶稣审判，萨达姆·侯赛因（Saddam Hussein；译注：前伊拉克领导人，被控引发两伊战争及入侵科威特而导致国际制裁，后被推翻）将有一天会被耶稣审判，大卫·鲍森将有一天会被耶稣审判。事实上，所有的人都必须站立在主耶稣的审判台前依照他们在今生中所做的一切来接受审判。这也是下一章——审判日——的主题。而耶稣将是负责审判的那个人。这一点非常重要。当保罗在雅典的马尔斯山（Mars Hill）讲道时，他说神已经定了日子，要藉着祂所设立的人按公义审判天下。要来审判不属神的人的那一位将会是一个人。

我认为我们还是没有谈到祂为何需要再来最主要的理由。这所有一切为何不能发生在其他地方？为什么这一切不是发生在没有形体的灵魂所在的阴间（Hades）呢？为什么一定要发生在地上？为什么耶稣一定要回到地上来？还有第五个理由，虽然我必须老实说并非所有的基督徒都同意这一点，但我实在没有太多的篇幅来告诉你为何我会相信这一点的原因。

尽管如此，我还是想要告诉你，我相信耶稣将要来统治这个世界——治理地上一段时间。这是整个故事中最难以令人相信的一个部分。人类或许可以用推论或是想象力来得出同样的结论，但圣经的最后一个部分告诉我们说，当祂再来，胜过祂的仇敌，洁净这个世界之后，祂将在此掌权治理，好让世人可以看见当祂掌权时，世界会像是什么样子。

世人已经看过撒但掌权时这个世界的样子了。世界的王已经有机会掌权，所以我相信在神奇妙的智慧下，世人也会有机会来看看当耶稣掌权时这个世界会是什么样子的。而这段期间就被称为千禧年（Millennium），这是一个拉丁字，就是一千年的意思，也是圣经中提到耶稣会在地上掌权的时间。我尽可能地去查阅所有关于这个主题的资料，并发现对此有许多不同的观点。有些人

第二章 基督的再来（二）

会因此而说他们所相信的是前千禧年（premillennial）、后千禧年（postmillennial）或无千禧年（amillennial）。我不知道你是否曾经听过这些名词？诚如我的一个朋友所说的："这是一个非常荒谬的问题！"尽管如此，我还是必须要告诉你，我相信圣经清楚地教导到，在世界的末了之前，耶稣会在地上治理掌权。因此我们将可以真实地看见圣经中关于列国要来学习多边裁军的预言，"他们要将刀打成犁头，把枪打成镰刀"。当然，祂也需要一个政府来帮助祂完成这些事，我相信这就是圣经中关于我们将会和与祂一同掌权的应许成就之时，同时也是为什么我们会一同再来并拥有新的身体的一个非常好的理由。

这整件事可以说是颠覆了我们的想象。但在将近300年的时间中，普世的初代教会的确如此相信。可惜的是，后来教会开始产生新的想法——一位名叫奥古斯丁（Augustine）的人认为在主耶稣再来之前，教会就已经开始在建造这个所谓的千禧年。当然，在那一段时期，教会看起来似乎已经得胜：连皇帝本人都已经信主，迫害也已经停止，教会似乎已经要掌管世界了。但回头去看，事实恐怕并非如此。

耶稣从未教导我们去相信教会在现阶段就会掌管世界，而是说麦子和稗子要一齐生长。神的国会变得更加茁壮，但撒但的国也是如此，直到基督再来将之清除，使这个地方得着洁净。但我的确相信耶稣在末了之前将会掌管列国，世人将会看见祂是英国的王、澳洲的王、美国的王、俄罗斯的王……

你能想象当耶稣在这世上掌权时，世界和平繁荣的景象吗？毕竟神创造这个世界作为一份礼物要送给祂儿子耶稣。我不相信这位维护公义的神会不在世人面前为祂儿子辩白。对我而言，这是祂为何需要再来的最主要原因。若非如此，我觉得很难去理解为何这一切需要发生在地上。但如果祂再来的最主要理由是为了要复兴以色列、掌管列国并成就神创世以来的应许，对我而言，这就非常具有意义。但我恳请你自己去研读圣经。因为你可能听过各样的教导，而这仅是我个人的想法。我恳请你去找到自己的确信。

希特勒梦想着一个千禧之国；他期盼第三帝国可以持续千年，却仅仅持续了十二年。但我相信主耶稣的掌权将持续千年之久。这是我的盼望，并如此期待着，你呢？主耶稣可以掌管列国岂不是一件很棒的事？不再需要选举——而是有一位王。你知道吗？我们的受造不是为了所谓的民主，而是为了一位王，但在人类当中无法找到那位正确的人选，这是我们最大的遗憾。但福音就是，我们已经找到了那位王——那位正确、完全的王来掌管列国。

最后，让我们来看看实际面。这一切对我们从周一到周五，甚至是整周的生活方式会有什么影响呢？这实际上会造成什么不同呢？盼望是人类生活中一个非常重要的面向，是我们所不可欠缺的。盼望会不停地在人的

第二章 基督的再来（二）

心中涌现。对于未来，我们必须要有期盼的事物。在历世历代中，人类期盼着一个黄金时期，一个乌托邦的时期、一个全新的时代，甚至我们已经尝试过许多不同的形式。基督徒也相信会有全新的时代，一个属于耶稣的全新时代，而不是一个宗教混杂的时代。

盼望帮助你去面对现在。对于将要发生之事的盼望使你能够承受今日的压力和失望。一个没有盼望的人会想要结束自己的生命。盼望是绝对必要的，而信心和爱也需要有盼望才能持续前行，对于未来的盼望为我们提供了这样的激励。罪人喜欢活在过去，他们活在过往的习性之中——他们无法突破。罪人喜欢缅怀过去，但我们不应该只是怀旧，而是要去期盼新的事物——向前看会比向后看更好。我们总是说，英雄不提当年勇，不是吗？"当我年轻时……"我自己也已经是上了年纪的人，但我还是持续向前看。

就基督徒而言，对于"明天会更好"的盼望会带来深远的影响。容我尝试说明一下。假设你要搬到肯特郡（Kent）的阿什福德（Ashford）近郊，之后你发现政府要兴建一条连接到英吉利海峡的高速公路，但这条高速公路将会贯穿你的房子，因此再过两年你的房子就会被拆掉。虽然政府会给你补偿，但你才刚买下这栋房子。请问这样你还会花许多时间去重建厨房、装修浴室吗？如果你知道再过两年这栋房子就要拆掉，请问这样你还会去把它整修成为你完美的理想家园吗？当然不会。

同样的，新约圣经也说："这一切既然都要如此销化，你们为人该当怎样……"换句话说，我们不属于地上，我们只是过客，那个对于新天新地和天上家园的盼望将全然改变我们对于地上生活的看法——你不会只想要宅在家里，因为你并不永远属于这里，你只会在这里待上一段很短的时间。

亚伯拉罕在 80 岁时离开他那栋两层楼高、有着中央供暖和自来水卧室的砖造房屋。我之所以这么说是因为考古学家发现这是当时在迦勒底的吾珥（今日伊拉克地区）的标准生活配备。亚伯拉罕在年老时离开那个地方，并在帐篷中度过余生。"但他感到非常喜乐，因为他所等候的是那座有根基的城，就是神所经营、所建造的。"——这个盼望为整件事带来不同的意义，因为他在地上的生活并没有那么重要。

就另一方面而言，假设大英博物馆联系你，询问你是否会做任何的手工艺或拥有什么嗜好？因此你回答说你会做木工、织锦或刺绣。大英博物馆表示，"我们想要收藏一份英国业余手工艺的样本作为未来展出之用，我们会将之永久放在博物馆中，好让后世的人们看见这个时代的人在做的事。"你会为此付出多少的努力呢？我相信那将会是你所做过最好的其中一件作品，不是吗？因为你知道只要世界还在运行，这份作品就会永远被展出——你一定会小心翼翼地去完成这份工作的。

第二章 基督的再来（二）

你是否看见，对于未来的想法会如何改变你自己呢？你的房子将要被拆除会改变你对于这栋房子的看法，因而不再去太过在意漏水之类的问题。因为这个事物终将被拔除，所以你就不会太过在意这件事了。但就另一方面而言，如果你知道自己所做的将能够产生长远的影响，而且许多人都能看见，那你将会更加尽心尽力地去做。我希望你可以明白，我们对于未来的想法会真实地影响到现在的行为。

当基督徒了解到主耶稣将再来到地球上之时，有四件事会深深地影响他们的生活——就是下面的这四件事。我想要补充说明一下，我之前用马太福音第24章来解释四个信号。现在则是接续到马太福音第25章。和门徒们分享完那四个信号之后，耶稣接着说："这是你们该如何去做才能预备好自己的方式。"祂做了三个比喻，或是三个故事：一个是关于十个童女的比喻，一个是关于才干的比喻，另一个是关于绵羊和山羊的比喻；这些都是要来告诉我们该如何预备自己，并知道终有一天我们的主会再来的这件事会对我们的生活造成什么样的影响。

对于那些经常思想着主再来的基督徒，下列四件事是你可以在他们身上发现的特质。第一，忠心的服事。主耶稣再来之时，相较于你当下所做的事，祂对于你在祂不在时所做的事会更感兴趣。这很重要，因为有些人会因为知道祂将要再来而感到恐慌，并认为，"我的主可能下周二就要回来了，所以我必须……"突然之间，他们的行为模式完全改变，因为他们不想自己现在正在做的事被发现。但耶稣再来时，祂不会说："在我回来的当下，你在做些什么呢？"当祂再来时，祂会说："当我不在的时候，你都在做些什么呢？"

在马太福音第 25 章的每一个比喻中，我们都看到"过了许久（a long time coming）"或"迟延的时候（a long time coming）"这样一个词。所以关于祂的再来，"我们是否已经预备好"的真正测验，不是在你认为祂已经快要再来之时，你会去做的事；而是在你认为祂还没有快要再来之时，你会去做的事。你是否了解我想要表达的意思呢？这是一个重点，因为祂所要看的是，你是不是那位忠心的仆人。祂想要能对你说："好，虽然我迟延了，但你持守在其中。你很忠心。"但如果是因为"祂可能今晚就来了"或"祂可能这个星期就来了"而产生恐慌进而去做一些事；当祂没有在当晚或这个星期就来，我们很可能因为热情逐渐倦怠就无法坚持下去。我们的动机不应该是因为祂已经要来了；而是当祂来时，祂会对我们说什么。而祂想要对我们说的是："好，你这又良善又忠心的仆人。"

上个世代的大布道家慕迪（D. L. Moody）曾说："自从我听说耶稣还要来到地上这件事开始，我就想要比以前更加努力三倍地工作。"忠心的服事是第一件会发生的事。而当我说忠心的服事时，所指的并不是教会的工作。请听清楚我想要表达的，因为很多人都会觉得只有宣教

第二章 基督的再来（二）

士和牧师的工作才真正是在服侍主。这种情况往往会因为我们将宣教士的照片挂在门廊上而更加推波助澜，并使我们过度看重这样的工作。人们开始觉得在神眼中的优先次序就是：宣教士是神最好的仆人，再来是牧师，传福音的人和医护人员则分别排在第三和第四位，教师或许是第五名，但出租车司机可能就是第五十五名了，你了解吗？更不用说计算机工程师，他们可能是在非常下面的位置。但没有比这个更加错误的观念了。

想想看，宣教士和牧师在天堂都是多余的。你知道吗？这些人都需要接受训练，学习新的工作技能。所以请注意，当我说忠心的服事时，我所说的是你日常的工作，因为我们未来还是会有工作的，而到时候的工作和我们如何回应现在的工作会有着直接的关联。主耶稣更有兴趣的是你如何回应现在的工作，而不是你做的是什么样的工作。你了解了吗？葛培理（Billy Graham）牧师的师母在厨房的流理台上方写着这样一句话："注意：在这里有一天三次属神的服事。"她知道什么是忠心的服事。

不管你的工作是什么，忠心的服事就是把那个工作做好。在中国北京有一位外科医师，她是一家医院的首席外科医师。她因为成为基督徒而被革职，最后被分派去做打扫厕所的工作，但她说："我会以耶稣将要使用这个厕所的态度来打扫。"当她在这样做时，就是全时间的基督徒事工了。绝对不要说："我所从事的是世俗的工作。"除了罪以外，没有所谓世俗的工作——忠心的服事。

第二：全球布道。耶稣留给我们一件需要去完成的工作，目前也还尚未完成。祂说，"这天国的福音要传遍天下，对万民作见证，然后末期才来到。所以你们要去，使万民做我的门徒，并将福音传给所有的受造。"我们离这个目标还有很长的一段距离；虽然已经越来越近了，但世界各地都还有尚未完成的布道工作。当你越多思想到主的再来时，你就会越想要参与在全球的布道当中。

第三是社会改革。你可能会感到惊讶，但最期待主耶稣再来以及新世界临到的那些人事实上应该才是真正想要让这个世界变得更好的那些人。两者感觉好像对不上，但事实并非如此。如果你去到皮卡迪利圆环（Piccadilly Circus），你会看到一尊铝制的天使雕像，天使被称为"Eros（译注：爱神，有性爱之意。）"——这真是一个极为不妥的名字。他应该被称为"Agape（译注：圣经中无条件的爱的意思）"才对，因为这是为了要纪念沙夫茨伯里伯爵(the Earl of Shaftesbury)安东尼·阿什利-柯柏（Anthony Ashley-Cooper）而设立的。沙夫茨伯里伯爵一生致力于将童工带离工厂，并引进合宜的工作时数和工资。他在地上的每一天都为此而战，而在他写给政治家和其他人的每一封信开头，他都会写到："主耶稣啊，我愿你来！"这就是他的动机，他尽力使这个世界成为最好的一个地方，因为他知道主耶稣还要再来。社会改革是对于耶稣再来的深刻感受所结出的一个果子。

第二章 基督的再来（二）

最后，个人的圣洁。新约圣经说到："凡向祂有这指望的，就洁净自己，像祂洁净一样。因为我们知道，主若显现，我们必要像祂，因为必得见祂的真体。"或用另外一种方式来看，有一次，我和学校中的小朋友在说话，有一个小男生问我说："耶稣为什么没有结婚呢？"我说，"没有关系，祂就要结婚了。"之后校长在办公室中对我说："你说耶稣就要结婚是什么意思呢？"他说，"我从来没有听人这样说过。"我说："整本的圣经就是一场追求，故事的最后结束在基督新妇——就是教会——的婚礼上。他们结了婚，从此过着幸福快乐的生活。"

我们是基督的新妇，想想看，会有哪一个新娘不希望自己可以拥有最完美的状况？哪一个新娘不希望自己可以拥有一套最美丽的白色的婚纱？圣经的最后提到了这场婚礼，并说新妇自己预备好了，她穿着光明洁白的细麻衣，就是圣徒所行的义。我们正在为这场婚礼做好预备。你越能够了解自己就是基督的新妇，并知道自己应该前行的方向，个人的圣洁就越能成为你生命的追求。

虽然我在本章中批评过奥古斯丁，但我在最后想要引用他所说过的一段话，是我认为非常棒的。他说："爱慕主再来的人不是那些断言祂还需要许久或是已经快要来到的人，而是无论长短都愿意凭着诚挚的信心、坚定的盼望和热切的爱去等候祂的人。"这就是要如何预备好自己的方式了。阿们。

第三章
基督的再来(三)

我们现在所要谈论的不是不远的将来，而是终极的未来。我们在当中谈到的四件事是四个确定的事实，是在终极的未来会发生的确定事件。基督徒也将之称为"末了的事（Last Things）"，就是基督的再来、审判日、地狱和天堂。在接下来的三章中，我们会审视这些更加严肃的主题。今日，有许多基督徒似乎只想要蛋糕上的糖霜或三明治中的果酱，却不愿意去了解圣经中这个更为严肃的话题。

让我们先来谈谈审判日这个主题。有一次，我和妻子去参观苏黎世大教堂（Zurich Cathedral），在西门的正上方有一个刚上了漆的醒目石质门楣，其上有着关于审判日的图案，右边画着许多身穿白衣的人，左边则画着许多人被丢入地狱的烈火之中。换句话说，这个门楣置于西门上方，所以每当你进去敬拜时，就会被提醒审判日的场景，并帮助我们去思想这件事。诚如我之前所提，基督的再来是圣经中最常被预言的一件事，其次就是审判日了。

关于这个部分，我想要透过三段经文进行分享。当保罗在雅典的亚略巴古讲道时，他说："神已经定了日子，要藉着祂所设立的人按公义审判天下。"然后，我们看到保罗在哥林多后书第五章中的另外一个预言说到，"因为我们众人必要在基督台前显露出来，叫各人按着本身所行的，或善或恶受报。""按着本身所行的"指的是在今生所做的事。另外在希伯来书第九章中，经常被传道人引用的一节经文说到，"按着定命，人人都有一死，死后且有审判。"换句话说，我们每一个人在生命中都会有两个日子无法提前记录在日记上，因为我们无法预知其中任何一个日子的日期。

一个是我们死亡的日子，另一个则是我们接受审判的日子，这两个日子并不会发生在同一天。事实上，每个人死亡的日子都不一样，而且这个日子只在事后才会被刻在我们的墓碑上；但所有的人都会有同一个审判日。这是每一个人生命中都会有的两个日子。一个有智慧的人会同时去思想这两个日子，因为如果你只去思想死亡的日子，结果可能反而会让你更有借口去犯罪。但如果你愿意同时去思想这两个日子，则能帮助你不想再去犯罪。如果你只思想死亡的日子，很可能你会认为我们就吃吃喝喝，因为明天要死了，在还有机会的时候，让我们尽可能地挤出时间来享受各样的欢愉。

但如果你记得在死后还有第二个日子，你需要为地上的生命来交账的话，就能对你的生活方式产生截然不同的影响。我们不再以地上生命的长短为重，反而会更加在意如何使每一天都过得更有意义。整体而言，我发

第三章 基督的再来（三）

现人们并不害怕死亡，他们比较害怕的是死亡的过程，特别当这个过程拖长或很痛苦的话。但对于死亡这件事，我很少遇到害怕它的人。人们可能不喜欢死亡，尽可能地延后死亡的发生，也不想要谈论它，但我并没有遇到很多害怕死亡的人，因为大部分人都已经不再相信在死后还会有第二个日子。

这第二个日子会使我们对第一个日子感到敬畏，因为第一个日子将是为第二个日子做好预备的最后一个机会。就算我们不知道这两个日子的确切日期，但一定是存在的。如我所说，我们需要记住在生命当中会有这两个日子，但许多人却想将它们忘掉，为什么呢？因为这两个日子令人非常困扰。想到我们必须去面对自己死亡及接受审判的日子，就令人感到很不舒服。但如果你认真思想的话，每个人的内心深处一定都会相信这个审判的日子是绝对必要，而且是正确的。

我们里面的某个部分会说，一定要有审判，而我们之所以会产生这种感觉有两个原因。第一个是生活的不公：没有任何一个头脑没问题的人会说，生活是公平公正的。小孩子最早学会的其中一句话就是，"不公平"。当他们说的时候，脸同时也会皱起来。有时，我们一生都不断地在重复这句话。我曾被邀请到医院去探望一位希望有神父去拜访他的人，但他们只能够找到我这个浸信会的牧师，所以我就去了。我问他说："你为什么想要有神父来探望你呢？"他说："为什么神要这样对我？"

我说:"你说'为什么神要这样对我'是什么意思呢?"

他说:"我现在不是在住院吗?我到底做了什么错事,竟然需要住院?"

我回答说:"你从来没有住过院吗?"

他说:"从来没有,我一直过着正直的生活。"

我说:"你贵庚?"

他说:"九十六岁。"

我说:"你从来没有住过院吗?"

他说:"从来没有,神为什么要允许这样的事发生?"

我说:"你可能需要在这里待多久呢?"

他说:"十天。"

这位亲爱的老先生在住院的期间被许多年轻貌美的女士成天包围,服事他一切需用。许多人甚至可能会愿意以一只手断掉来换取这样的待遇,但他却在那里说:"为什么神要这样对我?这不公平。"生活的确不公平,对于为何有些人受了许多苦,有些人却几乎从来没受过苦,并没有一个合理的解释。大卫也有同样的疑惑,他在诗篇第73篇中抱怨说,"为何恶人得享平安?为何坏人可以终享天年?"他说:"我尽力活出纯洁,却终日遭灾难。生活真不公平。"的确如此。在这个世上,似乎无辜的人受苦,但恶人却逍遥法外。在肇事逃逸的事故中,无辜的总是被撞倒的那个人,犯罪者却很少被逮到。

生活的不公要求这些事情有一天可以被拨乱反正,好使恶人不再逍遥法外。而圣经的回答就是,总有一天,

第三章 基督的再来（三）

这一切不公都将被拨乱反正，没有任何人可以从中逃脱。我们内心深处也认同这样的看法。生活的不公要求有一天可以拨乱反正。我曾去过意大利西西里的巴勒莫（Palermo in Sicily），这座城市曾在一年内发生了200多起谋杀案。我在那里时，有41名黑手党的老大被逮补、审问，并被陪审团判定有罪，但法官却将所有的老大当场无罪开释。你可以想象发生这样的事时，城市中的人会做何感想？人们会说，"公义在哪里？"他们会变得愤世嫉俗、无法无天，因为道理很明显，正直没有任何用处，这就是许多人的想法。而这也是为何需要有审判日的第一个理由，好使错误得以改正，使正直显明出来。

需要有审判日的另一个原因是神的公义。不只是生活的不公要求要有审判，神的公义也要求要有审判。神允许这么多错误发生，允许我们错待他人。神允许这些事发生，似乎对此视而不见，但祂并非如此。事实上，祂将所有发生的事都记录下来。如果神永远不惩罚恶人，祂就不是那位良善的神。这就是为何要有审判日的原因，因为祂是良善的。如果面对这些事的发生，祂却长久视而不见，我们就无法相信祂是良善的。祂同时也是宇宙的君王，而古代君王的其中一项任务就是担任审判官，作人们的最终上诉法庭。

直到今日，英国在执行正义时，依然是以女王的名义进行的。皇室的任务之一，是作为正义的最终上诉法庭。神就是那位君王，是最终的上诉法庭，同时祂也是那位审判官。是的，祂是天父，但祂也是君王和审判官。祂的公义要求要有一个审判日。经上说，神是轻慢不得的。人种的是什么，收的也是什么。将来会有一个收割的日子，就是一个交账的日子，来清算所有的债务；而这个日子不是每个星期五。事实上，我曾问过一个生意人，"你为什么不敬畏神呢？"他说，"因为神对我严厉的程度比不上我其他的债主。"这至少是一个诚实的回答。

是的，神不会来逼迫我们，但总有一天，祂会与我们面对面来解决这件事——因为神的公义要求要有审判。这是一个拥有道德的宇宙，但为什么所有人都需要在同一天接受审判呢？为什么神不在我们过世时就先来审判我们，并当场决定我们是要上天堂，还是下地狱呢？为什么祂不直接那样做呢？为什么我们在死后还要等待那天的来临呢？答案其实很简单。如果要行使正义，就应该是在一个可以被看见的情况下进行，因为正义的其中一个本质就是不能被隐藏起来，只有不义的事才需要被刻意隐藏起来。因此，行使正义必须在可以被看见的情况下进行。正义需要公开，这也是为什么在英国的法庭中都会有记者席。换句话说，能被看见的正义是真正的正义。

因此，神预定了审判日，一个公开的审判日，使祂公义的行使可以被看见。没有人能够继续批评神不公平。在那日，有三件事会被洗刷冤屈。首先，神自己会被洗刷冤屈。我们经常会批评神管理这个宇宙的方式。为什

第三章 基督的再来（三）

么神要这样做？为什么神会允许这样的事发生？为什么神会让我的孩子死去？为什么神让我的父母在我还是婴孩之时就离婚？为什么、为什么、为什么？无论何时，当我们这样说的时候，我们就是在说："神啊，我们可以将这个宇宙管理得比你更好。"我们事实上是在批评祂做事的方式。我们就好像在说，"你不是一个好的君王。我们可以做得比你还好。"

神必须从所有对祂如何管理宇宙的方式的批评中洗刷冤屈。总有一天，我们会知道为何祂会照着祂的方式去做一件事。而当我们知道时，我们也会知道祂是完全正确的。我们将会和尼布甲尼撒王一样，在疯掉七年之后终于明白过来，察觉到这位神的存在。而当他察觉这位神的存在，并恢复神智、得回王位时，他就说："神啊，你所做的一切全都正确。"总有一天，全世界也都会得着这个答案。全世界都必看见神是正确的，祂所做的一切都是正直的，而祂所允许的每一件事也都是正确的。事实上，身为基督徒，我们也盼望有一天可以了解这些我们现在还不了解的事物，因为我们不是神，所以无法照着祂的方式来看事情。但神所做的每一件事都是正确的。

你还记得亚伯拉罕为了所多玛和他的侄子罗得而与神讨价还价吗？神说："我所要做的事，岂可瞒着亚伯拉罕呢？我将要毁灭全城。"于是神向亚伯拉罕显明祂所要做的。然后亚伯拉罕说："神啊，假若那城里有五十个义人，你也要将他们与全城的人一同毁灭吗？"神说，"不，我不会如此行。"

"假若那城里有四十五个义人，你还是要毁灭全城吗？"

"不。"

四十、三十、二十、十。亚伯拉罕想要拯救他的侄子罗得，试图让神愿意因为一个人而放过全城。你知道亚伯拉罕是如何对神说的吗？"审判全地的主，岂不行公义吗？"重点就是，当你遇上了无法理解的事时，你所要面对的真正问题其实是，你是否真心相信神所做的每一件事都是正确的？

若你失去一个孩子，你不知道为什么会发生这样的事。但你是否足够认识神，相信祂所做、所允许的一切都是正确的呢？或者你会质疑祂为什么要这么做？你是否会说，"如果我是神的话，就不会让这样的事发生了？"在审判日那一天，神会证明祂所做的每一件事都是正确的。对我们而言，这将会是多么大的一个慰藉。不只是神会在审判日被洗刷冤屈，基督也会被洗刷冤屈。你知道现在世人对基督的看法吗？大部分人认为祂并不配得到他们的关注。事实上，他们把祂的名字当作是一句咒骂的话。今日，你在未信者的口中听到的耶稣基督的名字比在基督徒口中还要多。甚至是在工作场合，当他们锤错钉子时就喊叫祂的名字。他们怎么敢这样去说祂？

第三章 基督的再来（三）

但他们为什么会这样做呢？因为他们对祂感到失望，他们对祂理想破灭。他们说，基督教已经在世上存在两千年了，但做过什么好的呢？人们认为甘地为这个世界所做的比耶稣要更多。但总有一天，耶稣将被洗刷冤屈。世人上一次看到耶稣时，祂赤身露体被钉死在十字架上；但在审判日，他们将看见祂被洗刷冤屈。万膝要跪拜，万口要承认祂是主。然后在那日，神的百姓也将被洗刷冤屈。基督徒过去承受了许多苦难。当我得知去年为耶稣而死的基督徒的数目时，我感到非常震惊。你知道今年将会有多少基督徒殉道吗（编者：作者发言时）？如果我说有三千人，你会感到讶异吗？如果我说有三万人，你会认为我疯了吗？如果我说有三十万人，你会做何感想呢？

我说的最后一个数字或许太高了一点，但我所看到是，去年估计有二十八万六千人因耶稣的缘故被杀。在过去的两千年中，没有一年是没有人因着爱主的缘故而被杀的。世界已经将他们抛弃，这个世界不配得。但在审判日，神的百姓将被洗刷冤屈。所有因祂的缘故而受苦的人都将被洗刷冤屈。正义将得到伸张，被所有的人看见和承认。这就是为什么必须要有审判日的原因。

尽管如此，我们心中还是有一些东西让我们不喜欢这个想法。或更老实地说，只要我们知道自己最终会被原谅，我们其实还蛮喜欢所有人都要经历审判日的。我们为别人所做的事责怪他们，但当自己做同样的事时却饶恕自己。我们希望看到别人为着我们也在做的事而受罚。我们这种异常的看法是不是很奇怪？当然，科学为我们的行为提供了两个借口——遗传和环境。生物学说，我们是基因的产物；心理学和社会学则说我们是受了成长过程的影响。而现在最流行的说法就是："我不是罪人，是受害者。我是病人，所以需要治疗而非饶恕。"

我参加过许多庭审的案子，发现在某个阶段，要让一个人脱身的最佳方式就是由精神科医师为他进行辩护，说他因为过去被对待的方式，今日成为了一名受害者，所以他无法为自己的行为负责，而他最需要的是接受治疗而非惩罚。有一段时间，许多法官都会对这一类的请求印象深刻。但对于我在法庭上帮忙的人，我总是告诉他们说："担起你当负的责任，做个男子汉。"因为我们所得的结果都是因自己所做的决定而来。你知道吗？所有四十岁以上的人都需要为自己的容貌负责。

或许就你的年纪而言，你还可以对此一笑置之，但其他人可能就没办法了。因为如果你已经超过四十岁，但不喜欢每天在镜子中看到的自己，你应该知道这要怪谁。在你还不到四十岁时，先天对你容貌的影响大过于后天；但四十岁之后，你的容貌就取决于后天的影响。你的容貌会变成什么样子，你的责任最大。我记得一位站在被告席上的人对法官说："法官大人，我遇上了坏朋友。"我注意到他不是说"我选择了坏朋友"。"我遇上了坏朋友"或"我掉进了坏朋友圈"听起来就像是他无

第三章 基督的再来（三）

力抵抗。我们见过太多人超越他们背景的困境，或跌破其背景的支撑，因此我们可以说，这并非一个决定性因素。塑造我们品格的真正因素其实是我们在这一生中所做的决定。你我都是这些决定的产物，而审判日会将我们的责任显明。容许我明说，你不用害怕需要因你无需担责的事物被责备，神绝不会因你无力阻止的事而责备你——绝对不会。但这反而不是我所担心的。

我所担心的是，我应该去做的事。所以在审判日，对于你没有办法做到的正义，你无须感到害怕——绝对不需要。对于不需要担责的事，神绝对不会责备那个人。但祂会就我们需要担责及没去做的事责备我们，而不只是我们做过的错事。一个小朋友对学校的老师说："老师，你不会就我没做的事来惩罚我，对吗？"

老师说："是的，当然不会。"小朋友接着说："那我还没写我的作业。"所以说，有作为的罪，也有不作为的罪。

圣公会的一则祷告文提到："我们不该做却去做的事，以及我们该做却没去做的事"。我们要担心的不是那些说"我不是真的邪恶"的人，而是那些说"我知道我真的很邪恶"的人。随着年龄增长，这样的担心就愈发真切，因为随着年龄增长，你会愈认识自己，也愈了解自己真实的样式。基本上，我们都是非常自我中心的。

我们首先会在意的往往是自己的感受，然后是别人的感受，最后才是神的感受。很多人甚至完全不知道神也会有感受，但圣经各处都充满了神的感受。我希望你所用的圣经版本是将诗词和散文加以区别的。在圣经中，散文就像是报纸上的专栏，印刷的内容占满了整个篇幅；但诗词的印刷就像短句一般，中间会有间隔。你一定曾经看过这样的差别。而我希望你的圣经也有这样的区别，因为神之所以有时用散文、有时用诗词来对我们说话有其重要的原因。当祂用散文说话时，祂是利用散文将想法由祂的心思意念传达到你的心思意念当中。但如果祂想要将感受由祂的心传达到你的心的话，就会使用诗词。当我们坠入爱河，也会有同样的情况，我们写诗是因为我们想要表达我们的感受而非想法。圣经充满了神的感受。我们可以看到各种使祂悲伤、快乐、难过或愤怒的事。而基本上，审判日连结的是神的愤怒。在新约圣经中，有两个用来形容"愤怒"的字。一个是缓慢、酝酿许久的愤怒，这样的愤怒会进到深处，且不容易表现出来。它会进到深处，持续很久。另一个字则是用来形容快而短的脾气，它很快就会沸腾，但也很快就会过去。

我不知道你个人的情况属于哪一种？是内心缓慢、酝酿许久的愤怒吗？别人甚至不知道你已经在发怒了。或者你会很快发怒？或许两者都有。那你认为神的愤怒是缓慢，还是快速的呢？答案是两者皆是。举例来说，你是否曾经在炉子上加热牛奶，但同时忙着去照顾到访的客人或其他人，却突然发现牛奶已经沸腾满溢出来？

如果你留下来看着的话，这就不会发生了，因为你在第一时间就会看到牛奶开始冒泡。你会看到牛奶开始

第三章 基督的再来（三）

变得滚烫，并在溢出来之前就把它从火源上拿开。但是当你分心时，它却好像一下子就已经滚烫，并且溢到整个炉子上，以至于你必须花时间将之清理干净。神的愤怒现在也像是在酝酿一般，这就是为什么很多人都没有注意到。但神的愤怒的确存在，所有相关的征兆也都存在，让你知道神在向我们发怒。如果你仔细阅读罗马书第一章，就会看见经上是如何描述神发怒时社会上会发生的事，以此来显明祂酝酿的愤怒。这样的愤怒并不会以大灾难的方式爆发，而是以其他的形式显明，特别是人们会表现出无法克制的欲望，像是对食物或性上瘾。

当神在对一个社会发怒时，人们不仅会表现出无法克制的欲望，也会发展出不自然的关系，特别是同性恋的关系。这些在罗马书第一章中都有提到。这就是神在对一个社会发怒时，会发生在人们身上的事。而在心思意念上，他们会发展出反社会行为。在罗马书第一章中还有一个清单，基本上和警局中对反社会态度、悖逆权柄和不顺服父母的记载是一样的。另外还有一长串关于悖逆态度的清单，而这些都可能会导致社会暴力和无法无天的态度。

如果这些是神酝酿发怒的征兆，那么声称神今日没有对英国发怒的人真的很大胆。因为这些征兆就摆在那里给有眼可看的人去看，但大多数人却从未想过神居然也会有感受，因而没有注意到神酝酿爆发的怒气。而新约中审判日的概念就是神的忿怒满溢出来的那一天。这一日也被称为是神忿怒的日子，就是不管有没有留心去看的人都会看见神的怒气爆发，知道是祂发怒的日子。

这是一个关于审判日的有趣看法：神愤怒显明的日子。圣经甚至告诉我们说，当那日，人宁可向山说："倒在我们身上吧！"而不愿意面对神和祂儿子所展现出来的愤怒。那时的人会说："拯救我们，倒在我们身上，好让我们可以不用去面对神和羔羊的愤怒。"你可以想象那时候的情形吗？人们宁可被地震压死，也不愿意去面对天父和圣子这两人的愤怒。这是一个很严肃的情形。而紧接着罗马书第一章，罗马书第二章提到许多关于神愤怒的日子的情况，并要我们去留意神现今的愤怒，让我们现在就去处理这些问题和根源，好使神的愤怒不至于不断累积，甚至满溢出来。

以下是罗马书第二章所提到的一些重点。第一，审判日是针对所有人的，无一例外。所有存活过的人都会被复活。复活不是义人的专利，恶人也要复活。所有复活的人都会有新的身体。在所有的人都复活之后，对所有人的审判才会发生。不管你是贫富贵贱、知名或不知名，每个人都必须亲自面对这件事。在那日，不会有任何人陪伴在你身边，你也无法躲在任何人背后。你必须要亲自面对。

这是圣经最清楚的教导之一，在那日，即使我们所有人都在场，每个人还是得要单独去面对，我们的亲朋好友无法陪伴我们。所以，第一，审判日是针对所有人的。第二，正如我所提到的，圣经说耶稣——不是天父——会是那位审判官。耶稣会以人的身份来担任审判官。但我不确定这是否真的会使我觉得好过一点。因为如果有一个可以看穿人心的人,那个人一定是耶稣。祂知道人心中所想的每一件事。第三,在审判日时,什么会被拿来作为呈堂证供呢?什么样的证据可以决定我们可以无罪开释或被判有罪呢?

让我先告诉你什么无法被拿来作为呈堂证供。第一,证据不会是你的外貌,不会是你在别人面前所展现的形像,因为老实说,大部分人都可以藉由外貌骗过许多人。你可以装成某个样子,并将自己的感觉隐藏起来。你可以在外面筑起篱笆,在里面装上窗帘。但在那日,外貌根本不重要,因为神不看我们的外貌。

第二,证据不会是你所声称的。许多人声称自己爱主、有信心或说"主啊,我们不是奉你的名赶鬼吗?"这些都只是我们所声称的,但在审判日,我们所声称的将无关紧要。我们对自己的想法无法拿来作为考量。

第三,证据不会是我们的名声。我们无法说:"听听看某某人有什么要说的,他们对我有不同的看法。"在那日,名声将无关紧要。所以,什么会被拿来做为呈堂证供呢?只有两件事:我们的行为和我们说过的话。

圣经说,如果你从来没有说错话,你将会是绝对完美的。所以有一个很好的测试可以用来查看你的圣洁程度。如果有一面大荧幕将我们所做过的一切都录像播放出来给所有人看,我很好奇有多少人会感到开心?又或假设我们所说的一切，包括在私底下所说的话都被录音，播放给所有人听。我很好奇我们还会剩下几个朋友？耶稣说，凡人所说的闲话，当审判的日子必要句句供出来。这个想法真是令人震惊。闲话就是我们没有好好控制自己的舌头而迸出来的话，包括那些我们在太累或生气时所说的话。凡人所说的闲话，当审判的日子必要句句供出来。

这些就是到时候的呈堂证供，神绝对公平，祂不偏待人。我认为在耶稣所说关于审判日的情况中，其中最严肃的一件事是：这是神审判人隐秘事的日子。祂所用的另一个表达方式是，你们在内室附耳所说的，将要在房上被人宣扬。这是神审判人隐秘事的日子，不是世人所看见的，而是只有神知道的那些事。我可以告诉你，这绝对不会是一个令人觉得舒服的话题！

圣经告诉我们的下一件事是，神是如此公平公正，祂只会照着我们所得到的亮光来审判我们。而这也就是那些从未听过福音的人下场会如何的答案。人们经常对我说："那些从未听过耶稣的人，他们的下场会如何呢？"我说："你想成为一位宣教士吗？"我发现那些不断问我从未听过福音的人下场会如何的人，他们所想的并不事去告诉他们关于福音的事。他们只是想来找基督教的碴，而不是真的想去和那些从未听过福音的人分享福音的好消息。但圣经对此的答案非常清楚：那些从未听过福音的人不会因此被定罪。事实上，保罗清楚地说到，只有听过十诫的人才会按照十诫接受审判。

第三章 基督的再来（三）

至于那些从未听过十诫的人，他们只会根据良知告诉他们的对错接受审判。这样公平吗？这绝对是公平的。神只会照着我们所领受的亮光审判我们。问题是，保罗说，每一个人都曾经藉由下列两种方式领受过一些亮光：他们会依照内在的良知和外在的创造领受到亮光。透过外在的创造，他们可以知道有一股比他们更高的力量；而透过内在的良知，他们可以知道这股力量是道德的力量，是关乎对错的。所以，如果有人要在神面前无罪开释的话，他们就需要能够说："神啊，我从未违背过良知告诉我的正确的事。"只要这样就可以了，但有谁能做得到呢？这才是真正的问题。世上的每一个人都有对错的概念。圣经说，是神将祂的律法写在他们心中。

每个人都拥有良知，证据就是，人们在做错事时会很快地将此事告诉他人。不知道你是否注意到这个情况呢？如果神只按照你说他人做错的部分来审判你，这也足够了，不是吗？我们自己也在做的事，我们却很快地去定罪他人。事实上，心理学告诉我们，对于我们自己也在做或想要做的事，我们甚至会更容易地去批评他人。所以，那些从小在基督教国家长大的人会根据他们所领受的亮光来接受审判；那些从小在犹太信仰中长大的人会根据他们所领受的亮光来接受审判；那些从小在异教的背景下长大的人也会根据他们所领受的亮光来接受审判。因为所有人都领受过亮光。

这就是为什么在圣经中会看到不同程度的惩罚，也是为什么所多玛和蛾摩拉所受的会比迦百农还容易受的原因，因为耶稣从未去过所多玛和蛾摩拉，也从未在那里行过神迹，但祂曾在迦百农行过神迹。虽然这些地点今日都已经从地图上消失，但迦百农、伯赛大和哥拉汛所领受的亮光比所多玛和蛾摩拉更大，因此他们也会照着所领受到的亮光来接受审判。所以，神绝对不会照着你不知道的事，或你没有领受到的亮光来审判你。真正的问题是，我们每一个人都曾经领受足够的亮光，知道对错。所以在那日，判决会是什么呢？事实上，只会有一个判决，就是所有的人都是有罪的。这是惟一可能的判决。

　　所以，为什么还需要经过审判日这一连串冗长的程序来确认所有人在案卷打开时都是有罪的呢？我觉得"这是你的生活（This is Your Life；译注：英国传记电视纪录片）"这个节目很有趣。曾经有一个我认识的坏人现身于这个节目上，他是我祖父公司的一名职员，所以我知道他真实的情况。但"这是你的生活"却将他塑造成一个英雄，说他是个圣人。这让我在看节目时觉得很不舒服。如果你曾经读过关于这个节目的一些文章，你就会知道他们的确发现了许多不好的事。研究员会把所有的事都挖出来，但在仔细审查过这些内容之后，他们却只把好的部分留下来。

　　不要怀疑，总有一天，有一本书会打开：这是你的生活。在那当中会有关于你的一切，不只有好的部分，

第三章 基督的再来（三）

也不只是别人认为你如何，或是他们所看见的你。关于你的一切事迹都会记载在那当中。你会做何感想呢？我有一个好消息要告诉你，因为在审判日那天，还会有另一本书卷被打开。那书卷被称为羔羊的生命册，其中写满了那些已经成为耶稣亲属的坏人的名字，他们在祂的书卷之中被记在祂的名字之下。因为耶稣是惟一一位活出完全生命的人，所以当我们的名字在生命册上被记在祂的名字之下，我们就可以被无罪开释。这是我们在那日的惟一盼望。

我将在下一章中指出，你的名字是可能会从生命册中被涂抹的。但如果你的名字记在生命册上，在审判日时，你将被无罪开释。这岂不令人震惊吗？我在本书的后面会告诉你为什么这是可能的。在所有的书卷和这本"这是我的生活"被展开的那一日，这也是你我以及所有人的惟一盼望了。我惟一的盼望就是我的名字会被记在这本生命册上。如果我的名字真的在生命册上，那我的名字将会出现在耶稣的名字之下，被祂的生命所遮盖，而不是我自己的。如此一来，神就可以将我无罪开释。所以我认为去思想审判日这件事是很健康的。

提醒他人我们每个人在生命中都有这两个日子也一样是很健康的。第一个是我们死亡的日子，而在那之后则是我们一同站立在耶稣面前为我们在地上的生命交账的日子。在那之后呢？因为只有两个可能的判决——有罪或无罪，所以也就只会有两种结果。在接下来的两章之中，我们来看看有罪的人会发生什么事，最后以在无罪的人身上将会发生的事结束。

第四章
地狱的惩罚(一)

我曾对着一群"狗"会众——主要是拉布拉多犬——讲道,它们认真的程度令人难以置信。你相信吗?其实那是一场特别的服事,每一只狗都都带着一位盲人来宾。现在你能相信了吗?你应该一开始就相信的!那是一场盲人火炬信托(Torch Trust;译注:英国地区的基督教盲人事工)的年度大会,大部分参加者都带着他们的导盲犬。在听你说话时,盲人的头经常是侧一边的,但狗狗一边听着,一边聚精会神地注视着这个手舞足蹈的家伙。当我看向会众时,我所能看见的就是这些狗狗们也在注视着我。在那天早晨,我问主该向这些盲人分享什么信息。祂告诉我说:"传讲关于地狱的信息。"

我想,"我不能这样做——他们身有残疾,经历许多苦难,他们需要的应该是安慰和鼓励的话语,"但主说,"传讲关于地狱的信息。"所以我用登山宝训中的一句经文作为分享的主题:"你只有一只眼进入永生,强如有两只眼被丢在地狱的火里。"我说,"你们盲人曾经为我们这些看得见的人祷告过吗?因为大部分的试探都是经由人的眼目而来。"这就叫做"眼目的情欲"。在场有一位老夫人——我相信她已经84岁了,她天生眼盲,从未看到过这个世界,因此她的生命中充满了愤恨和苦毒。

那是她有生以来第一次为像我这样可以看见的人感到可怜。那瞬间,所有的苦毒都离开了她的心,而她也向主耶稣敞开了自己的心。那天回家路上,她沿途唱着诗歌。她于接下来那个星期的星期四过世,而她生命中第一个看到的人将会是耶稣。虽然这不是我第一次传讲有关地狱的信息,但在那之前我并没有经常传讲关于这方面的信息。你是否注意到最近很少有人在传讲关于地狱的信息了呢?这个信息好像突然就消失了。事实上,如果你想要听到地狱这个词,你可能在未信者当中还比较有机会听到有人在说。它单纯被当作是一个咒骂的词——甚至对于这个词的使用已经频繁到一个程度,以至于它已经失去了原本的意思。现在,人们对于地狱这个词感到麻痹,它也不再令人感到恐惧。

你听说过查理·"干洞"·伍兹(Charlie "Dry Hole" Woods)这个名字吗?我很确定你一定没有听过,查理·伍兹之所以会有"干洞"这样的绰号,就是因为他想在自家后院挖出石油,却一直没有成功。但没想到他后来真的挖到了加州最大的一口石油自喷井,每天可以产出18000桶原油,甚至在最高时每天可以产出85000桶原油。从那之后,没人敢再继续嘲笑查理·伍兹。在挖到第一口这种黑色物质的自喷井后,有一位记者前去采访他,他在采访时说:"这真是个地狱。它咆哮起来就像地狱一样,

第四章 地狱的惩罚（一）

它喷发、涌出和喷洒出来时就像在地狱一样。它令人感到不舒服，又不受控制，就像地狱一样，又黑又热就像在地狱一样。"你不觉得他对于这个词的使用真的是过头了吗？

当你如此乱用这个词的时候，它就不再令人感到畏惧，也失去了其原本的意思。这是世人将地狱一笑置之的原因之一。另一个原因是它成了一个喜剧主题。归功于教会的传播，大多数外面的人都知道地狱这个字的意思，但想到有多少喜剧演员把地狱、地狱的温度、在那里的人和各式各样关于地狱的事拿来开玩笑，真的令人感到吃惊。这也是为什么人们会对这个字感到麻痹，并不再对其感到恐惧的原因。地狱存在的方式也被重新解释，例如人们会说："你自己在地上创造了自己的地狱。"你曾经听人家这样说过吗？当然，但这会产生两种效果。

首先，这会使得地狱被放在和死亡相反的一侧，以至于人们对于死后要面对地狱不再感到害怕。同时，这也意味着不再是神或主耶稣决定谁会下地狱，而是人自己决定的。所以会下地狱是你自己的决定，而不是祂的。地狱的威胁性再一次以极为巧妙的方式被缓和下来。这就是一般大众对于地狱的看法。令人感到吃惊的是，教会内部竟也开始停止谈论地狱，好像地狱已经消失。我们稍后会更多来看这一点，但这所引起的问题就是传道人——甚至是福音派的传道人，都不再相信地狱的存在，虽然耶稣显然是相信的。

所以，摆在我们眼前的是一道相当严肃的课题。人们厌恶关于地狱的教导。这是基督信仰中最容易冒犯人、也是最令人反感的教导了。没有人想去谈论它，但它却是未来绝对会发生的事实，也是我们可以确定的四件事之一。地狱是真实的。如果不是，那耶稣就是在骗人，但我相信并非如此。有一些反对地狱存在的争论被提出来，甚至在教会中也有。我的确是在说教会和基督徒。学者和神学家提出争论辩说地狱并不存在，而他们常用的方法就是聚焦在神的某个属性上，并将它扩大成为神的全部，然后据此争论地狱不可能与之共存。

神的荣耀是祂一切属性的总和，因此把祂的其中一个属性拿来作为全部思想的根基是非常危险的。容我解释一下我的意思。有些人会把神的爱——祂的一个属性——当作神的全部。因此，他们说："这位爱人的神怎么可能让人下地狱？"甚至争论说，如果真心爱着一个人，就绝对不会对他们做出那样的事。所以神怎么可能一方面爱人，却对他们做出那样的事？有些人则是强调神的大能说："如果神是全能的，祂定意要去做的事就不可能会失败。因此，如果他下定决心要让所有人都上天堂，祂一定可以完成。祂的大能一定做得到。因此，如果有人下地狱的话，那就表示神失败了。也就是说祂有弱点，不是全能的，所以祂的大能才无法拯救所有的人。"

然后还有人会就神的公义来说，"如果一个人犯了几年的罪，却要接受永远的惩罚，这样公平吗？如果海珊

第四章 地狱的惩罚（一）

和我那个人还不错的邻居最后要去地方竟是相同的，这样公平吗？"所以他们撷取神的公义，并据此来反对地狱的存在。但这所有的争论都是在做同样的事，他们拿神部分的品格以偏概全，但事实上神所有的属性是彼此验证，相互融合的。换句话说，神不只是爱，祂也是圣洁的爱。这当中的差别很大。祂的圣洁会验证祂的爱，所以不管祂有多爱我们，祂的圣洁使祂不会永远不去处理罪的问题，祂的爱会验证祂的圣洁，而祂的大能也会验证祂的爱。

祂不会强迫任何人上天堂，因为祂不希望有人不是自愿上天堂的。祂希望人们可以自由选择是否要加入祂的家庭，而这可以验证祂的大能。祂也可以创造我们每一个人都只能做好事，但祂没有这样做，因为祂想要的是荣耀的儿女，而不是机器人。所以这些都是以神的部分而非祂的全部来进行争论，而这也是许多基督徒所犯的错误。他们看见神美好的一面，却不喜欢另一面，但是新约说到"可见神的恩慈和严厉"。神所有的属性都是祂的一部分，因此要对神有更大的认识，你就必须认识神全备的旨意和真理。但这些以神部分的属性来反对地狱的神学家和学者所传讲的却是以其他的选项来代替地狱。

有两个代替地狱的主要选项。虽然还有很多其他被传讲的选项，但今日最主要被传讲的有两个。第一个选项主要是由所谓自由派的人士提出，这些人并不相信圣经是神所默示并有绝对的权威。但另一个选项却是由那些相信圣经是神所默示并有绝对的权威的人所提出。所以这两个替代选项是什么呢？很抱歉的是，我要先给你两个字，它们都是以"ism（译注：在英文中以结尾 ism 作为结尾的字经常和某个主义、主张或论说相关）"来结尾的字。而对于以 I-S-M 作为结尾的字，我们都要特别注意，因为大部分以"ism"来做为结尾的字，哪怕是宗教用语，经常具有邪恶的力量，会使人为之着迷。

圣公会（Anglicanism）、循理会（Methodism）、受洗（baptism）和传福音（evangelism）大概是少数我所乐见以 ism 来作为结尾的字了。除此之外，提防所有以 ism 为结尾的字，因为它们能迷惑众人。而用来代替地狱的就是下面这两个以 ism 作为结尾的字。第一个是"普救主义（universalism）"。这是自由派人士用来代替地狱的字。普救主义相信所有人都会上天堂，而这当中所涉及的就是他们相信死后还会有第二次、第三次、第四次、第五次……无穷尽得救的机会，所以就算人们在死前还没有决志，死后还是会有机会决定是否要上天堂。当然，如果你发现自己已经身陷地狱之中，你一定会很有动力想上天堂。这就是普救主义。

事实上，普救主义有两种表达的形式，其中一种是说："所有人总有一天都会得救。"而另一种现代版则是说："所有的人都已经得救了。因为耶稣已经代替世人受死，所以所有的人都已经得救，而基督徒要做的就是去告诉他们，他们已经得救的这个事实。"有一位教宗也抱

第四章 地狱的惩罚（一）

持这样的观点，他认为不管人们信不信主，基督已经救赎了所有人，他们都已经走在前往天堂的道路上。教会的任务就是去告诉他们说，他们已经得救，他们将会上天堂。这就是福音的好消息。

这两种形式的普救主义都没有地狱存在的空间。不是我们所有人都会得救，就是我们已经得救；但无论是哪一种结果，所有的人都会上天堂。这就是普救主义中的"普遍"。当然，福音派中那些相信圣经是神所默示并有绝对的权威的人是无法接受这样的观点的，因为圣经很清楚地说到在审判日时，在信主的人和未信者之间、在有罪的和无罪开释的人之间会有所分别。这是圣经非常清楚的教导，一条是引到灭亡的大路，而另一条是引到生命的小路。在圣经中，你无法绕过人类之间的这种分别。

所以，英国的福音派人士在代替地狱的选项上传讲的是什么呢？答案就是"灵魂消灭论（annihilationism）"。他们相信，罪人将变为无有，完全消灭。他们不会下地狱受苦，而是变为无有。同样的，这个主张也有两个版本。其中一个是相信罪人在死亡的那一瞬间就会变为无有；另一个则是相信罪人会在审判日变为无有，而这样的想法出自于圣经的某些章节。举例来说，地狱有灭人的火，但由于我们无法在火中生存，这就意味着经文中所说的不是永远受苦，而是被消灭之后所产生的永恒影响。

这样看来，被消灭也算是永恒，但这就是他们对于"永刑"这个词的解读，是一种永恒的影响，而不是真的会经历到的事。这是现在热议的一个项目,在杂志上也有。或许你在全国性的基督教杂志中曾经读到一位女士在她的信中说:"我无法去爱一位容许任何人下地狱的神。"这是她的立场,她就是这么说的。

老实说,这就好像在说耶稣不知道祂在讲什么一样,因为我们所知有关地狱的事都是耶稣亲口说的。你知道吗?神没有信赖其他人来告诉我们这样一个恐怖的事实。我们不是由约翰、保罗或是彼得的口中听到这件事的。在旧约圣经中完全没有提到地狱。我们所知有关地狱的一切都是耶稣亲口告诉我们的。如果要说有人真的很认识神的话,那一定非祂的儿子莫属。祂认识神的爱、神的大能、神的公义……等所有一切,但却仍然教导地狱,所以我们需要从耶稣的教导中来认识地狱。但在我们谈到更多细节之前,我想先解释一些事情。我想给你一个思考的架构,好帮助你了解我接下来要谈的部分。

这个架构就是,人的存在分为三个阶段——是三个而不是两个。一般的观念——甚至在教会中也是一样——认为你在死后会去到天堂或地狱,这是所谓两个阶段的架构。但从我对审判日的教导当中,你可以看到人的存在是分为三个阶段的。在这个世界上,我是有形体的灵。死亡时,我的灵和身体分离,我不再需要现在的身体,现在的身体就像我穿过的一件大衣。我在第二个阶段的存在将会是一个没有形体的灵。因为我从来没有那样过,所以那将是一种全新的体验。如同保罗所说的,我不知

第四章 地狱的惩罚（一）

道那个阶段的情形会是什么样，但我和保罗一样可以确定的是，它将会比有身体的今生来得更好。

但保罗也说，"我宁可由第一阶段直接跳到第三阶段，从我旧的身体直接跳到我新的身体"。但即便如此，"如果我必须脱下这个（身体）"，照着他的想法，"我更愿意离开身体与主同住，因为这是好得无比的。"所以在第二个阶段时，你会离开这个身体。如果你认识主的话，你将会与主耶稣同在一起。因为到时候你不会有身体，所以问"你在哪里"将会是最无关紧要的一件事了。你不用再像从前一样需要有一个实际的地点。灵和身体不一定会处于同样的维度之中。

重要的是，你会和谁在一起。对基督徒来说，你将能与主同在一起，意识清楚，并且能够沟通，但是没有身体。第三个阶段会在那之后才发生，我们所有人会一起得着新的身体，再一次成为有形体的灵，就是整体意义上完整的人。但你是否知道耶稣自己在一周当中就经历了这三个阶段呢？在祂死亡的那天，祂的身体和灵分开，祂将自己的灵交在赐灵的天父手上。在接下来的三天三夜中，祂意识清楚，能够自由行动，并去向在挪亚洪水中溺死的那些人传福音。我们是从西门彼得的信中得知这个过程的。我猜想主耶稣是在祂与彼得相会的那个复活早晨告诉他这件事的。虽然我们不知道他们相会的地点或是谈了些什么内容，但我们知道主耶稣向彼得显现。这是多么不寻常的宝贵信息。对我而言，这也证明了圣经不是人所编造的。因为有谁能够虚构出这样的故事呢?所以,耶稣当时意识清楚,也完全能够沟通。但更重要的是,在挪亚洪水中溺死的那些人也是意识清楚的。

在你死后两分钟,你就会完全清醒。你会知道你是谁,也能够进行沟通。如果你与主在一起,那将会是何等令人兴奋的事。有人曾在我说完这话之后问我:"那在你死后一分钟呢?"好吧,一分钟,甚至是你死后一秒钟,你就会完全清醒。你不会被完全消灭,耶稣也没有被完全消灭,但你会进到没有形体的阶段。天堂和地狱发生在第三个阶段。这就是我想先说清楚的。天堂和地狱都是给有身体的人的,这很重要。因此我不会用"上天堂"这样的词。详细的原因,我在最后一章再告诉你。所以,说人在死后会上天堂或下地狱很容易造成误解,因为现在还没有人在地狱,连撒但也还没有在地狱。地狱现在是一个无人之地。有趣的是,耶稣竟使用同一个字来形容天堂和地狱现在的状况。

祂说这两个地方都还在"预备"中。"我若去为你们预备了地方"和"你们这被咒诅的人,离开我,进入那为魔鬼和他的使者所预备的永火里去!"天堂和地狱现在都还在预备的状态,还没有人居住其间。所以,我宁可说一个信主的人在死后会与主同在,而这也是新约圣经的说法——因此中间这个阶段的重点不是他们在哪里,而是他们与谁在一起。这样你可以了解这个三重阶段的架构了吗?圣经没有太多提到中间的那个阶段,而

第四章 地狱的惩罚（一）

是要我们专注在复活和审判之后的最后这个阶段——也就是我所要谈的地狱。地狱不是存在中间阶段的某个地方，而是在复活之后才会发生的事。

这就是耶稣所说的意思。但我想先带你看看祂是如何描述地狱的。假设我们在心中有一个关于地狱的景象，通常这个景象是由我们过去的体验而来。当我听到"地狱"这个字时，我的两个体验就会进到我的脑中。第一个是我与一位名为潘灵卓（Jackie Pullinger）的女士同在香港的经历。或许你曾经听过她在香港寨城的经历，当时就是她带我去到寨城的。

令我讶异的第一件事就是，寨城居然没有墙（译注：寨城的英文为 walled city，意思就是有墙的城）。因为它的名字，我想象会有巨大的石墙环绕周围，但墙在战争期间已经被日军拆下来丢到港口做为飞机跑道之用了。今天我们搭乘的巨无霸客机就是降落在当初寨城的石墙上的。我去到香港时，寨城还在它原本的位置上。寨城由一堆十五到二十层楼高的破旧房子所组成，里面一户一户层层相叠。它位于香港里面一小块不属于英国管辖的地区。事实上，它在行政划分上不属于任何单位。因此，在城市那一小块不会比教堂大上十倍的地方，没有法律或警察。你可以在寨城中做任何你想要做的事，因此你可以想象城中犯罪猖獗的样子。当地是三合会（译注：香港的黑帮组织）的总部，皮条客和娼妓生活其间，毒贩也居住在那里。那是一个无法可依的地方。

天堂与地狱

在香港回归中国之前，寨城就会被完全拆除。进去时，你需要走过一个小小的出入口，里面非常阴暗。如果你想要去找一个住在顶楼的人，就必须从他人的屋顶上走过去。当地的脏乱、污水和老鼠实在难以形容。当中惟一明亮的房间就是一楼中间潘灵卓在为毒瘾者祷告的那个房间。潘灵卓是一位令人感到惊奇的女士。当我从那个恐怖、阴暗、沉闷、沮丧、充满犯罪的地方再次回到阳光下时，我不由自主地说："我刚刚去到地狱了。"那是在多年前发生的事，但在那个经历之后大约三年，我又去到了一个更糟糕的地方。

我当时人在波兰，去到一个叫奥斯威辛（Auschwitz；译注：纳粹关押犹太人的最大一所集中营）的地方。我站在一个四壁萧然，没有窗户的房间里，有两扇门分别位于房间的两端。在天花板上有着像是莲蓬头的东西，但当中所输送的是致命的齐克隆 B（Zyklon B）毒气，用来杀死成千上万的犹太人。每次会有 250 个男女老少被强迫进到那个房间中，他们挤在当中无法动弹。纳粹告诉他们要去淋浴，并要求他们把衣物留在外面，然后就用毒气将他们全部杀死。之后纳粹会把他们的头发剪掉，塞到垫子里作填充物。再用钳子把他们的金牙拔出。如果他们的皮肤上有刺青的话，纳粹会小心翼翼地把他们的皮肤剥下来作为灯罩使用。纳粹会把他们身上的脂肪溶掉作为肥皂，然后再把他们的身体烧成灰烬做成肥料来贩售。从他们进营到被做成肥料贩售仅需一个半小时的时间。我自己一个人

第四章 地狱的惩罚（一）

站在那个房间里，觉得那里就像地狱一样。有趣的是，我记得自己在报纸上读到安妮公主去造访奥斯威辛集中营的消息，而安妮公主的爵位事实上就是海尔公主（Princess in Hell；译注：Hell 在此为一地名，同时也是英文中地狱的意思，与"在地狱中的公主"同音同字）。我们都有自己对地狱景象和经历的想象，但没有任何一个会与耶稣告诉我们的景象一样。

若我们求问耶稣，祂认为地狱是一个什么样的地方？答案非常简单。祂认为地狱就象是一个废物堆，一个堆放垃圾的地方。祂将其称为"革赫拿（Gehenna）"，也就是希伯来文"欣嫩子谷（Valley of Ben Hinnom）"的意思。那是一个真正的山谷，位于耶路撒冷城外，但游客们无法看到它。其中一个原因就是它太深了，当你人在耶路撒冷的旧城区时，你是无法察觉到那个山谷的。你必须走到南门外往下看才能看见。当地的山谷是如此陡峭阴暗，就算阳光也照不到山谷的底部。当我在 1961 年第一次去到以色列时，那个山谷仍然还是被拿来做和耶稣时代相同目的的事。

我下到谷底，城里焚烧垃圾的烟从中升起，腐烂的食物和虫蛆到处都是。那里的景象就如耶稣所说："在那里，虫是不死的，火是不灭的。"所以那个山谷就是革赫拿。由于现在进行了景观布置，你已经无法再看到那个山谷，而是一个美丽的山谷公园。但你还是可以去看看，它就在旧城区外面。南边的城门有一个很有意思的名字叫"粪厂门",你可以猜猜为什么会有那样的名称。他们就是将污水拿到这个地方来倒进谷中的。所有的废物也都被扔到下面,然后他们会不停地烧着垃圾好使它不要变高。这就是那个地方长久以来的样子。

但早在旧约时代,这个山谷就和一些邪恶的事有所关联。在谷底,神的百姓以色列人曾在那里敬拜一个名为摩洛的恐怖异教恶魔,它要求以活人献祭。因此在谷底,他们会将婴孩活活烧死来献给摩洛。如果你去读耶利米书,他说:"这个谷将被称为是什亭谷(valley of desolation;译注:希伯来文为荒场、荒芜的意思)"。从那时开始,这里就成为耶路撒冷城的垃圾堆,是一个恐怖的地方。另外还有其他的关联就是,被钉十字架的犯人在死后并不会被埋葬,他们的尸体会被从十字架上取下来,丢到革赫拿谷中,让蛆虫和飞鸟吃掉。

若非亚利马太的约瑟前来说,"使用我的坟墓"的话,这可能就是发生在主耶稣身上的事了。若非约瑟的关系,耶稣最终可能会被丢下什亭谷。十二使徒的其中一位就死在那里。犹大在可以俯瞰欣嫩子谷的悬崖上,把绳子穿过树干在那里吊死了。以后身子仆倒,绳子断掉,他的身体也滚入谷中。以粗俗的话来说,"当他跌到谷底时,肚腹崩裂。"后来那个地方被称作血田。如果你询问以色列导游的话,他便会把那个谷底血田的所在位置指给你看。这就是我们在谈的那个山谷。

第四章 地狱的惩罚（一）

所有的废弃物、无用之物、肮脏不想要的东西都会被丢到这个山谷之中。耶稣仿佛就是在说："如果你想要知道地狱像是什么样子的话，走出南门往下看就知道了。"这就是我对于地狱的看法。这也活灵活现地表现出"坏（perish）"这个字的意思，因为"坏"这个字的意思并不是它不再存在，而是它不能再用了。比如你会说一个热水壶"坏"了，但这是否表示这个热水壶已经不再存在了吗？不是的，它看起来仍然是一个热水壶，惟一的问题就是你已经无法照着它原本的功能来使用它，因为它已经坏了。这就是"坏"这个字在圣经中的意思，不是指它被毁灭了，而是它已经废弃无法使用了。

有个女人用一整罐的香膏来膏抹耶稣全身，当时加略人犹大就说"那罐香膏枉费（perish）了。"那罐香膏现在已经不能再用了，它已经被浪费。同样这个字也用在浪子身上，说他浪费、坏了、荒废、失丧了，也就是失丧的意思。对一个人来说，生命中最大的悲剧就是他以神的形像被造，为要来服事神的旨意，却"坏（perish）"到了一个程度，以至于神说："我没有办法再继续使用这个人。他在我的宇宙中已经废弃了。""下地狱"这个词从来没有出现在圣经中。耶稣所用的词是"被扔在地狱里"，因为这正是你会用来处理废弃物的方式，不是吗？我们总是说把废弃物扔掉，使用的就是"扔"这个动词。

当耶稣说，你的身体和灵魂会废弃在地狱时，对于所用的字，祂是非常小心的——不只是你的灵魂，你的身体也会被扔在那里。这就是为什么我会说，"地狱是为有身体的人而预备的。"因此，一个人死后不会去到地狱，而是在复活之后才有可能。所以这就是耶稣所描述的景象，一个已经废弃的人会去的垃圾堆。但顺带要提的好消息就是，神是专门从事资源回收的，这就是救恩的意义。

大部分人都以为拯救就是安全的意思，但这并非它的意思。我会在下一章更多和你分享这个部分。它的意思应该是废物利用（salvaged），这是英文中最接近救恩的一个字，它的意思就是将废弃物拿来回收，使之可以再一次被使用。在新约圣经中有一封短信写给一个名为腓利门的人，信的内容是关于一个名为阿尼西母的奴仆。你知道阿尼西母这个名字的意思是什么吗？阿尼西母的意思就是有用的。这不是很奇妙吗？一个名为"有用的"奴仆离家出逃，他以为自己可以逃到罗马躲起来，却犯下一生中最大的错。他后来遇见保罗，并信了主。保罗说："你必须回到你主人的身边。""但他会杀了我，因为我逃走了。""不，我认识他。他是一个基督徒，我会写一封信叫他帮助你。"

保罗写了一封信说："如果他拿了你任何的钱，我会为他偿还。但听好，他真的已经再次变成有用了。他已经被回收再利用了。过去你看他是无法使用的，但现在你会发现他已经是'阿尼西母'了。"这是在这封短信中的

第四章 地狱的惩罚（一）

一个双关语，同时也是一幅救赎的景象。这正是耶稣为我们众人所做的事。祂将我们送还给神说："天父，他再次有用了。他从前无法被你所用，并逃离你，但我已经把他们回收再利用了。"这就是救恩的意义，将废弃物回收再利用，使之不会被丢到垃圾堆中，而能够再次被神所用。这是多棒的一个画面。

耶稣不仅描述了地狱的样子，而且帮助我们可以很清楚地了解在地狱的经历会是什么样子的。但在这一章结束之前，我想告诉你耶稣所说会在地狱中经历到的五件事。首先，祂说地狱是一个身体会感到非常不舒服的地方。其中一个原因就是，那里没有自然光，是完全的黑暗。就算你有眼睛也看不到任何东西，因为那里完全没有光线。祂将之称为是"外边黑暗"。祂说那里也是一个令人感到非常干渴的地方，哪怕你只想要一滴水都找不到。这是因为那里是一个酷热的地方，这将会是最令人感到不舒服的一种体验。

祂还说那里将会是一个非常臭的地方。硫磺是最难闻的元素之一。东西腐败化脓是地上最难闻的其中一种味道。在那里除了会有身体上的不舒服，同时也是一个令人精神忧郁的地方。但奇怪的是，耶稣为什么说在那里必要哀哭切齿。哀哭是因为悲伤的缘故，而咬牙切齿则是因为生气的缘故。你怎么会同时又悲伤又生气呢？答案非常简单。因为这两个都是由于挫折而产生的。因为你知道自己曾经有一个机会，却错失掉了，而现在机会已经不再，那是一种混杂了自怜、悲伤以及对自己和对神愤怒的感觉。这个耶稣所提及的哀哭切齿所指的就是精神上的忧郁。

那里是一个道德败坏的地方。你可以想象永远和一群完全败坏、没有神的形象、行为和动物一样的人生活在一起的情形吗？那是一个各样的罪恶纵横、一个你必须要自己想办法去承受、一个极度道德败坏的地方。在那里没有一丁点的良善，没有耐心、没有恩慈，也没有爱。我怀疑人们是否知道，当你选择离开神的生活时，你同时也选择了在生活中没有良善的存在。因为人类所有的善行都来自神，这是祂形像还存在我们当中的一个部分。当这个形像完全败坏时，连那一丁点的良善也会跟着离开。因此，那里将会是一个社会败坏的地方。

你可以身处一大群人中，却感到非常孤单，对吗？但为何你会在一群人中感到孤单呢？这是因为你感觉不到有人对你有兴趣，没有人在乎你，没有人爱你。你可以被几千个人包围，但如果没有人在乎你、爱你的话，你会感到极度孤单。我相信在地狱里的每一个人都会感受到那样的社会剥夺，因为，容我再说一次，只有神才能创造出爱，所以在地狱中不会有家庭之爱或是友谊的存在。因此，那里最终将会成为一个属灵极度荒芜的地方。在那里不会有祷告；因为如果没有神会聆听的话，祷告还会有什么意义呢？在那里也不会有敬拜；因为如果没有神可以让你敬拜的话，敬拜还会有什么意义呢？

第四章 地狱的惩罚（一）

所以，关于地狱最糟糕的一个部分就是你必须在没有神的情况下生活下去。有人会说："那还不算太坏，我现在就是活在没有神的情况下了。"不，你没有。在这个世界上，没有任何一个人是活在没有神的情况下的。祂的灵仍在触碰着人们，仍在祈求，仍在阻止他们回到本性中那个恶的样子。但是当神把煞车松开时，我们不会往上走，而是往下掉。在罗马书的第一章中，我们读到当神把祂的手放开时，会发生什么样的事。神到底做了什么呢？神放弃了人，而那个结果非常恐怖。你知道吗？如果神放弃你的话，你不会变成一个更好的人，而是会变成一个比现在还要糟糕许多的人。我们没有一个人知道，在自己的生命中，这些由父母朋友而来阻止我们去做坏事的限制到底有多少。当这些限制被挪去，当你远离家人，没有人认识你的时候，你才会发现真正的自己像是什么样子。那就是地狱真实的样式——属灵上的死寂。在那时，没有人会去想到任何有关属灵的事物。如果我们选择不与神生活在一起的话，我们所选择的环境就会是那样。在这里，我们无法离开神，但是在我们存在的第三个阶段，神可以完全不管我们。关于地狱，还有另外一件要说的事，但现在暂时就先到这里。

第五章
地狱的惩罚(二)

在继续这个主题的同时,我想要特别来看看一个非常严肃的问题:地狱会持续多久呢?你知道吗?哪怕是相信罪人会被消灭的灵魂消灭论者也都相信,人的灵魂在被消灭之前会在地狱受苦一小段的时间。但老实说,这是变相地在说灵魂消灭是一个好消息。或许就是因为这个原因,相信灵魂消灭说的人很少去传讲关于地狱的信息,因为它很可能会造成意外的反效果。事实上,如果我是一个罪人,过去的七、八十年都在犯罪,却能一直逍遥法外,灵魂消灭对我而言反而会是一个天大的好消息,不是吗?就算我被扔到地狱一阵子,那还是一个好消息,因为我终将被消灭。所以,事实上,灵魂消灭算是一个好消息。

但是让我们来看看,一个人要在地狱受苦多久呢?传统的答案一直是"永远"。但我必须说,这个答案很受到质疑,特别是在圣公会的福音派中。耶稣是怎么说的呢?我认为我们现在是以错误的角度在看这个问题。因为今日大部分人所讨论的都是,"人类必须要在地狱中受苦多久?"但我相信我们必须从另一个角度来看这个问题。因为地狱从来就不是为人类而预备的。神从未打算让人类去到那里。耶稣说:"那是为魔鬼和它的使者所预备的。"地狱并不是为了我们所预备的。

在绵羊和山羊的比喻中——这其实不是一个比喻,而是一个预言。耶稣对山羊说:"你们这被咒诅的人,离开我,进入那为魔鬼和它的使者所预备的永火里去!"神为我们预备了天堂,并为魔鬼和它的使者——就是恶魔——预备了地狱。根据启示录第12章的经文,现存的天使中大约有1/3选择了与撒但站在同一边来违背神。你自己可以在那一章中找到这些相关的经文。

那神为什么必须为魔鬼和它的使者预备地狱呢?答案其实很简单:耶稣说,"天使不会死亡。"虽然天使是真实的,但他们也仅仅只是受造;他们是神创造的一部分。在创造的阶级上,他们比我们高。我们不是神创造的顶峰,天使才是。演化论者对于这个概念有很大的意见,因为演化论无法解释天使从何而来:是猴子,还是其他的物种?你可以由此看到其中的问题。但我们相信有天使,他们比我们还要聪明、更有力量、更有弹性,行动的速度也比我们更快;他们在各方面都比我们优秀。而在这当中,有一项更是显著比我们优秀许多的:我们是必朽坏的,但天使是不朽坏的。

我的意思并不是说他们一直都存在。他们也和我们一样有一个开始,但他们没有结束。他们不会死亡,但我们会。这就是为什么天使没有嫁娶或生育;他们的数

第五章 地狱的惩罚（二）

目是固定的。他们不会减少，也不会增加。神创造他们是不朽坏的。所以，既然有三分之一的天使违背神而成为邪恶天使或我们所谓的恶魔，他们又不会死亡，那神要如何来处置他们呢？答案就是，祂预备了一个可以将他们从祂的宇宙中隔离的地方。正因为他们不会死亡，祂必须预备一个地方来把他们关起来，好让他们无法继续造成影响。

如果我们以此作为起点，我们会问："如果他们是不朽坏的，并永远待在地狱这个被隔离的地方，那他们在当中的体验会像是什么样子的呢？"圣经中对此的答案非常清楚：魔鬼和它的使者必昼夜受痛苦，直到永永远远。圣经中没有比这个更加清楚而强烈的声明了。他们是不朽坏的，他们被关在地狱里受痛苦。受痛苦的意思就是"有意识的受苦"，没有别的意思了。昼夜的意思是"没有任何的松懈"，直到永永远远。在希腊文中，没有比"直到永永远远"更加强烈的了，它的意思就是直到永永远远，直译的话就是"直到千秋万代"。那真的是一段很长的时间。

那么，关于"魔鬼和它的使者必昼夜受痛苦，直到永永远远"这样的声明，灵魂消灭论者有什么看法呢？这个答案就是，他们直接忽略；或者说他们不愿意面对，并置之不理。但有些人的确说："好吧，我们接受天使会在地狱中受痛苦，直到永永远远；但人类不会。"但圣经并没有任何地方暗示魔鬼和它的使者以及加入它们的人类的结局会有所不同——完全没有。事实上，声明清楚地说到，人类也会受痛苦，直到永永远远。

举例来说，说到"魔鬼和它的使者必昼夜受痛苦，直到永永远远"的那一句经文也说，"它必与兽和假先知昼夜受痛苦，直到永永远远。"这当中至少提到两类人，因为敌基督和假先知都是人类。所以圣经至少提到有两类人会受痛苦，直到永永远远。

圣经接下来又提到更大的一群人：顺服在世界独裁者"敌基督"的最终统治之下，以雷射将它的数目刻在身上，好在超级市场中做买卖的那些人。这是一个完全可信的场景，因为现在大多数人就已经在使用塑胶卡片上的数字进行买卖，而现在也已经有人在说要在手上或脸上用刺青或雷射的方式将数目刻上去，这样你就可以直接把手放在机器下来结账。

启示录中说到，这将是在末世时买卖进行的方式。拒绝在身体上刻上这些数目需要极大的勇气，因为你将无法进行买卖。你会被排除在市场之外，无法获得足够的食物。圣经上说到那些接受这个数目好去购买食物的人将受痛苦，直到永永远远。当中所用的"永永远远"和我们之前所说的"千秋万代"是同样的一个词。当耶稣对山羊说，"你们这被咒诅的人，离开我，进入那为魔鬼和它的使者所预备的永火里去！"时，这句话最直接的意思就是"你的结局会和它们一样。"因为这个原因，虽然我不想这么说，也希望可以不用这么说，但我还是

第五章 地狱的惩罚（二）

认同传统上对于在地狱中永远受苦的理解就是新约所教导的概念。虽然这会使地狱变得极为恐怖，但我相信这就是真理。我无法对经文中直白的声明视而不见。

接下来我想要来谈谈另一个严肃的问题，很可能也是本章最震撼你的一件事：谁会下地狱呢？一个人做了些什么才算"符合资格"的呢？在圣经中提到两类人。第一类是毫不在意的罪人，他们不听从良知，只想要去做自己想做的事。新约圣经中列举了120条会使人下地狱的罪。这是一个可怕的数目。他们出现在不同的清单中，每次会提到大约10个左右。在圣经的最后两页也有两份清单。当你去检视这些清单，并将它们加起来，将得到这120条毫不在意的罪人在光天化日下会犯的罪，以至于他们被扔到地狱。正如你所猜想的，性上面的不道德是这个清单上的常客，包括通奸、婚前性行为、外遇，或是婚后与不是你配偶的人发生性关系。同性恋行为也是。当我们知道这些事会使一个人进到我们所说那样的受苦时，我们怎么可能保持沉默呢？

但如果你认为在性上面的不道德是清单上的主要项目的话，那你就错了。清单上还有其他许多项目，拜偶像就经常出现。我们可能会说："感谢主，那与我无关。我从未敬拜过任何一块木头或石头。"但是当你发现贪心也是拜偶像的其中一项时，你可能会需要重新自我审视。有趣的是，人们最难遵守的诫命通常是第十条"不可贪恋"，或用白话文来说就是，"你们不可以贪心"。通常我们的眼睛会诱使我们贪心，所以盲人不会有这样的问题。贪心经常会经由广告和其他许多渠道来影响我们。贪心与拜偶像相同，它也在此清单之上。

社会不公也在这个清单上。你是否曾听人说新约圣经没有谴责奴隶制度呢？事实上，那是错的。如果你去看保罗写给提摩太的第一封信，他在第一章中列出那些会使人被扔到地狱去的项目。他先提到杀父母（这真的很严重，不是吗？），再来立刻就提到奴隶贩子。顺带一提的是，如果你认为现今的世界已经没有奴隶制度，最好重新检视一下。时至今日，奴隶制度仍然非常活跃。在这 120 条罪中还有其他更细的罪项，不信也被归类在会使你下地狱的罪当中。

但最令人感到讶异的一条罪出现在启示录第 21 章中，经上说胆怯的份在火湖里。胆怯是什么意思呢？它的意思就是说，因着对人的恐惧而没有去做或去说他们知道是正确的事；对于自己知道是正确的事，他们因为胆怯而不敢站出来。这对你有什么影响吗？当然，还有更多其他像是骄傲等类的罪。但很明显的是，有许多事物都会使人下地狱。

还有一些更令人吃惊的，就是一个人——甚至是未信者——因为没有去做某些事，而下地狱的。保罗说这发生在那不认识神和那不听从我主耶稣福音的人当中。这里提到了两种人。那不认识神的人指的是没有听过福音，但他们从自己的良知和神的创造中可以知道有一位他们需要向

第五章 地狱的惩罚（二）

其交账的神。那不听从福音的人指的则是听过福音、却不愿意接受的人。只有神才知道谁是哪一种人。

我敢肯定，如果你是基督徒，你会同意我到目前为止所说的话。是的，就是关于那些可能会使人下地狱的事，它们是将人引到灭亡的大路。但令人震惊的是，圣经也谈到关于那些粗心的基督徒可能会下地狱的情况。这真的是令人震惊。你知道吗？我们对于地狱大部分的认识都是出自耶稣的口。在福音书中，几乎所有关于地狱的内容都出自马太福音，这是很重要的。为什么在路加福音中只提到一点点，在马可福音中完全没有提到，在约翰福音中也几乎没有，但马太福音却从头到尾一直提到地狱呢？这时我们就需要以研经的角度来检视这几本福音书。你知道吗？福音书共有四部。两本是为罪人所写的，两本为圣徒所写的；两本是为未信者所写的，两本是为基督徒所写的。那你知道哪一本是作什么用途的吗？约翰福音不是为了未信者所写的，它最不适合未信者读。我真的不知道他们怎么可能读懂约翰福音前面18节的。通常，我们就只希望他们可以坚持到约翰福音3章16节，好"达成目的"。但约翰福音是为基督徒而写的——而且是成熟的基督徒，马太福音是写给还不成熟的基督徒读的，只有马可福音和路加福音是为罪人而写的。你在传福音时应该使用的是这两本福音书。

马太福音是门徒训练手册。马太福音不只告诉你耶稣做了什么，还收集了耶稣的教导，并将之分成五大区块，这很明显就是在暗示耶稣就是新的摩西。摩西给了我们五本律法书，而现在我们可以说，我们拥有五本耶稣教导关于天国的书。这五大区块的主题就是天国。我们将第一个区块称为"登山宝训"，主题就是天国的生活模式。第10章是第二个区块——天国的使命。然后在第13章中，我们读到天国成长的样式。接下来在第18章中，我们读到天国社群的样式。最后在第24和第25章中，我们读到了天国未来的样式。这五大区块的所有教导都是针对门徒，而非罪人的。

令人震惊的是，耶稣很少（如果有的话）和罪人谈到地狱。祂两次警告法利赛人关于地狱的事，但除此之外，祂所有关于地狱的教导都是针对重生得救、接受祂、相信祂的名、属神的门徒。这真的是很令人震惊，因为我还在担心像"一次得救、永远得救"这样不符圣经的陈词滥调会充斥其中。但我们看见，耶稣将祂大部分对于地狱的警告留给了祂的跟随者，就是那些委身于祂、相信祂的人。现在你明白它的重要性了吗？我相信传讲地狱的信息而搞得鸡飞狗跳的主要原因之一就是，地狱应当是要向基督徒这样对于死亡一无所惧的人来传讲的才对。你明白我的意思吗？因为很多时候，传讲地狱的信息就像是在说："你会下地狱，但我不会。我将会上天堂。"这样的说教可以说是狂妄至极，令人反感。但我相信，除非传讲这个信息的人会担心传讲这个信息自己却被扔到地狱，否则他们还没有预备好去向他人传讲地狱的信息。基督徒才是需要去思

第五章 地狱的惩罚（二）

考地狱的人，基督的门徒才是最需要这个信息的人。在我所著的《通往地狱的不归路》（The Road to Hell，繁体中文版由以琳书房出版）中，我已经详细解释过这一点了。这就是为什么这会如此令人震惊的原因了，因为许多在英国的基督徒都会认为，"我不用担心最终会下地狱。"

因此，我们要问的是，什么样的事会导致耶稣的门徒下地狱？令人讶异的是，对于粗心的罪人来说，重点在于他们做了什么，而非他们没有做的事；但对于粗心的基督徒而言，更多强调的是他们没做什么。如果你研读登山宝训的话，你就会知道这是针对基督徒的教导，而不是针对罪人或未信者的。对基督徒来说，登山宝训几乎不可能做到；但对未信者而言，他们根本就不在乎。因为登山宝训是为天国的子民所预备的。

登山宝训告诉我们说，天国不应该有愤怒、私欲或忧虑。这就是为什么你永远不会看到基督徒担忧的原因了。为什么你听了之后会笑出来呢？为什么我们会把这样的事当作笑话来看呢？耶稣说："在我的国里，神的儿女不需要忧虑，因为那是对于他们天上的父的一种诋毁。"这就好像说："我的天父在意祂的花园和宠物更甚于祂的孩子。祂养活空中的飞鸟，为野地的花穿戴美丽的衣裳，但我只是祂的小孩，因此我不得不忧虑。"这就是一种诋毁。登山宝训就是耶稣期盼祂的门徒能够活出来的样式。是就说是，不是就说不是，不要离婚或再婚，不要以恶报恶。

天堂与地狱

但在登山宝训中至少有五个关于地狱的警告。在我的书架上，有许多解释登山宝训的书籍，却没有任何一本提到门徒需要担心下地狱的。但耶稣说，"凡骂人是笨蛋的，难免地狱的火；凡看见妇女就动淫念的，你已经走在前往地狱的路上了。"而在祂教导完门徒之后，祂又说，"你们可能会走的道路有两条：一条是引到灭亡的大路，另一条则是引到生命的小路。"祂说话的对象是祂的跟随者，这非常的重要。然后我们跳到马太福音第25章，祂在这里向登山宝训中的十二个门徒说话。祂谈到了灯油用尽的童女、埋藏才干的人，以及当祂在监里时没来看祂、当祂赤身露体时没给祂穿的那些人。你注意到了吗？这些全都是该做没做的事，全都是被忽略的事。就是这样。不是做了什么坏事、犯罪或是恶习，而是该做却没去做的事。

我没有办法对于这么直接的教导加以掩饰。你知道吗？耶稣所说的是，逃离地狱需要的两个东西，其中一个是饶恕，另一个是圣洁。关于这个教导最明确的例子出现在路加福音，耶稣说了一个关于人们被请去参加筵席却借口推辞的故事。一个说："我买了一些牛，要去试一试。"另一个说："我才娶了妻。"另一个说："我买了一块地，必须去看看。"他们没有一个去参加筵席。所以筵席的主人就动怒说："出去到城里大街小巷，勉强人进来，坐满我的屋子。"这是一个传福音的绝佳故事。"进来坐到你的位置上，桌上已经为你预备好了位子。"

第五章 地狱的惩罚（二）

在路加福音中，你所读到的这个故事是给罪人的版本。但是在马太福音中读到这个故事时，你会发现当中有些微的差异。故事的结尾说所有的人都接受邀请前来参加筵席，但有一个人没有穿礼服，因为他懒得去换衣服。而故事的结尾就是，那个人被丢在外边的黑暗里，在那里哀哭切齿。马太福音是针对基督徒的。对未信者而言，故事的信息就是："来，筵席上已经为你留了位子。"但对于基督徒而言，当中的信息却是："来的时候需要穿上合适的衣服。将你肮脏的衣服脱掉，穿上为你预备好的公义外袍。"那些没有换上衣服的人，最终被从筵席上赶了出去。

我还记得读到约翰·班扬（John Bunyan）所著的《天路历程》（*The Pilgrim's Progress*）时，结尾前的一句话深深打动了我。当基督徒抵达约旦河那条死亡的黑色河流时，他的同伴因为害怕，就转身说，"我要试着去找其他渡河的方法"，于是他就走到叉路上去了。本仁约翰接着写道，"我在梦中看见，天堂大门前有一条通往地狱的道路。"我深深相信，并发自内心地说，今日的教会比以往任何时刻都更加需要这个信息。为什么主耶稣要给今日的基督徒这样一个悔改的信息呢？这真的是一件很不寻常的事。这应该是针对罪人的信息才对。为什么是给教会的呢？我认为，这是因为我们已经忘了自己还身处在危难之中。

让我们来听一听耶稣所说过最明确的警告。祂说："那杀身体不能杀灵魂的，不要怕他们；惟有能把身体和灵魂都灭在地狱里的，正要怕祂。"祂在对谁说话呢？罪人？不是的。法利赛人？不是的。祂当时是对着正要被差派出去作为宣教士的十二位使徒说的。祂没有告诉他们去和其他人分享关于地狱的信息。祂说，"你们应当要对地狱感到畏惧。当你们外出去传讲天国的信息，叫死人复活，叫长大麻风的洁净，把鬼赶出去，医治病人，说'天国近了'时，你自己应当要对地狱感到畏惧。"我相信今日在敬拜中所遗失的其中一个元素就是对神的敬畏，而其中一个原因就是基督徒已经不再对地狱感到畏惧。你注意到这一点了吗？人们对神过度熟悉，却缺乏对神的敬畏。而我相信基督徒不再对地狱感到畏惧的其中一个原因就是因为这两者是紧密相连的。惟有能把身体和灵魂都灭在地狱里的，正要怕祂。这是一个很严肃的信息，但我相信是非常必要的。

新约圣经的每一位作者都曾警告我们可能会失去在基督里所寻得的东西。我非常严肃地看待这些警告。当耶稣说"在我里面。我是真葡萄树，你们是枝子"时，同时也说到，"枝子若不常在我里面，就像丢在外面枯干，扔在火里烧了。"我认为祂是很认真地在说这件事的。保罗说："若你不长久在神的恩慈里，你也要被砍下来，就如同犹太人一样，你也要被砍下来。"这所说的不是靠行为得救，而是要靠着持守的信心得救，因为饶恕

第五章 地狱的惩罚（二）

和圣洁都由信心而来，但它们需要被活出来。神提供我们上天堂所需的一切，但有太多接受邀请来参加筵席的人没有换上合适的衣服。这就是我想从马太福音里和你分享的信息。

而好消息就是，我们没有任何需要下地狱的理由。你知道为什么吗？首先，天父的爱在我们身上。神爱我们，祂不希望有任何人最终被扔到宇宙的垃圾堆中。祂尽其所能来拯救我们，祂已经没有更多需要做的了。地狱从来就不是为我们预备的，地狱是为天使，而不是我们所预备的。神对于把人扔到地狱这件事一点都不感兴趣。当祂必须如此做时，祂感到非常痛苦。一幅神为了报复而把罪人扔到火湖的景象是对神的一种毁谤。祂对于恶人死亡一点都不感到喜悦。任何一个照着祂的形象所造的人却要被扔掉这件事使祂无比悲痛。

我们也有耶稣的赎罪。你是否知道耶稣不是在祂死后，而是在祂生前，去到地狱的吗？祂去到地狱三个小时，从中午到下午三点。当耶稣被钉在十字架上时，祂就在地狱里。我怎么会知道的呢？非常简单。经上写到，遍地都黑暗了，没有任何的自然光——无法看见任何事物。就在那时，祂呼喊："我渴了。我渴了。"更重要的是，祂接着大声喊着说："以利！以利！拉马撒巴各大尼！（我的神！我的神！为什么离弃我？）"那就是地狱。耶稣去到地狱，所以你可以不需要再去。祂如此做是为了要拯救你脱离地狱。

站在你这边的第三件事是圣灵的帮助。你可能会说："我永远无法成为圣洁。我永远不配上天堂。"不，你可以的，因为神会赏赐你超自然的大能。如果有一件事是基督徒不应该说的，那一定是"我做不到。"在提多书中有一段经文提到，"祂赏赐我们恩典来向……说'不'"。这是一段非常简单的经文，但我们需要知道：神爱你；耶稣为你而死；圣灵随时要来帮助你。你不只会被饶恕，也要被预备好上天堂。在查理·卫斯理（Charles Wesley）所写的一首诗歌中，歌词说道："我有使命当守，荣耀尊贵父神，拯救灵魂进入永生，使之适于天堂。（A charge to keep I have, a God to glorify, a never-dying soul to save, and fit it for the sky.）"当中歌词的最后一句和其他三句是一样重要的。你知道吗？我们被召不是要来使人决志，而是要使万民做主的门徒，并教导他们如何活出耶稣所教导的样式。这是一项长期的工作，只用聚会结束前的五分钟是无法完成这项工作的，因为这是一生之久的工作。这就是主耶稣在马太福音里所要说的。如果你去检视祂所有关于地狱的教导，你会发现几乎所有的内容都不是要给罪人，而是要给那些撇下所有来跟从祂，并愿意委身于祂的人的。

我希望这能让你清醒过来。我知道你会有许多问题。所以我鼓励你去查经，除非你可以在经文中找到，否则不要接受我所说的任何东西。仔细去查看祂所说的每一个警告，并问："祂当时是在对谁说话？是在警告谁？"

第五章 地狱的惩罚（二）

但之后也不要坠入恐慌或忧郁之中，好像你一早起床就得要问："我是否真的得救？"你可以确信，就是你已经在前往天堂的路上了。但这样的确信不是由你在20年前所做的一个决定而来，而是你现在与主的关系。圣经上说"圣灵与我们的心同证"。你每早起床都可以非常确定自己正走在前往天堂的路上。如果你与主耶稣和圣灵同行的话，你可以在心中非常笃定自己正往天堂的方向前进。这并不保证你一定可以抵达，但这是一个确信，知道你已经走在前往天堂的路上。

当你犯罪、走离主的道路或离开与祂的关系时，首先会发生在你身上的其中一件事就是你会失去那个确信。持守与主的关系，这样你就可以每日确信说"我走在正道之上"。你知道吗？圣经所说的救恩是一条道路，并非一蹴可及。每一个悔改的人就像是把脚踏进这条道路，并走在其上。我们正走在前往荣耀的道路上。圣灵想要把神爱的确信赏赐给我们，祂期盼我们可以成功，同时祂也站在我们这一边。没有任何事物能叫我们与神的爱隔绝——除了你自己以外。但如果你持守在祂的爱里，如保罗所说，你就不会被剪除。以色列250万人离开埃及，却只有两个人抵达迦南的事实在新约中被三位不同的作者当作写给基督徒的警告。祂不只是单单想要来拯救我们，而是想要拯救我们可以去完成一些事。祂期盼可以将我们带进天堂，也要让我们被预备好上天堂。这样当我们抵达之时，众圣徒将能昂首阔步走进天堂。

天堂与地狱

对你而言，这可能是最严肃的一件事，也可能会吓到你。或许你没有预料会听到这样的信息，还以为我会告诉你所有的罪人都正朝着地狱前行，并处于极大的危难之中。他们的确如此，然而这也正是我们需要趁着自己还可以的时候去拯救他们的动机。但话虽如此，在你自己的心中还是要保持着敬畏，恐怕你传福音给别人，自己反被弃绝了。

所以，地狱是一个严肃的话题，对基督徒有深远的影响。我相信它会在两个方面影响到我们的敬拜。首先，它会使我们对神为我们所做的事产生更深的感激。当你在圣餐礼拜中领受饼杯时，你会非常感恩。你会想要说："谢谢，谢谢，谢谢。"用希腊文来说的话，就是"*Eucharisteo, eucharisteo, eucharisteo.*"这就是"*Eucharist*"这个字的意思；它的意思就是，感谢祂去到地狱，所以我不用再下地狱。除了产生感激，它也会使我们对神产生尊崇，以至于对神的敬畏能够再次在教会中被恢复。不只是显明在敬拜中，也显明在圣洁上。因为当你不畏惧罪会使你失去已经得着的东西时，你就不会认真地去对待它。

未信者因为犯奸淫而被扔到地狱，但神却对不断犯奸淫的基督徒视而不见，这是非常不公平的一件事，不是吗？但还是有许多人会说："我没问题。"他们在说的是："她或许是一个娼妓，或许毒品上瘾，但感谢主，她在九岁时做了一个重大的决定。"这样的话真的是很

第五章 地狱的惩罚（二）

疯狂。新约圣经说："非圣洁没有人能见主。"这会对我们在传福音的事上产生影响。我们不是只想要带给人们一些小确幸，也不只是试图为他们日常生活上的问题找到解决方案。我们是在拯救他们脱离地狱，这就是传福音所要做的事：拯救人们脱离无用、无神的永恒。这就是我们所追求的。我们不只是在尝试给他们一个机会，或在他们的生活中增加一些好的面向："你应该要来教会的。我们很温馨，很友善，你一定会喜欢的。"那不是我们所追求的。我们不是想要把人带到一个宗教的俱乐部，我们是在火海中把人抢救出来，而这一直是宣教工作的主要动力，也在许许多多方面上影响着我们。

最后，敬畏地狱的人会更容易去面对殉道。当耶稣说，"那杀身体不能杀灵魂的，不要怕他们；惟有能把身体和灵魂都灭在地狱里的，正要怕他"时，祂所说的就是，对人恐惧的解药就是敬畏神。小恐惧的解药就是大恐惧。这是非常真实的。当你面对更大的恐惧时，你就不在乎小的恐惧了。大的恐惧就是畏惧最终会被扔到地狱去。当你害怕这件事超过其他的事时，你就能够面对任何的人事物了。敬畏神的人不畏惧任何人事物。我想到一位早期的殉道者——士每拿的坡旅甲（Polycarp of Smyrna）。他们威胁要把他活活烧死在一块炽热的铁板上。坡旅甲说："你们用可以杀身体的火来威胁我，但我所畏惧的是那可以将我永远灭掉的火。"然后他从容赴义。

这会给基督徒带来勇气。敬畏神会治愈你对其他事物的恐惧。这样你就不再需要去治疗其他恐惧了,而只需要敬畏神就好。新约圣经比旧约圣经更多提到对神的敬畏。这个信息能为基督徒的生活添加力量,因为我们的神是烈火。因此,当我们敬拜祂时,让我们怀着敬畏之心来就近祂。

关于地狱的教导,到此要告一个段落了;接下来我想带你去天堂。所以,在下一章中,我们将走向荣耀。阿们。

第六章
天堂的奖赏

因着各种不同的理由，地狱的存在一直很受到攻击，即使在基督徒当中也是一样，但却很少有人在争论关于天堂的存在。这是不是很有趣呢？我们经常会争论我们不喜欢的事物，却很少在争论我们喜欢的。不过，未信者还是会争论关于天堂存在的问题，批评我们相信天堂的存在。而在这当中，主要的批评有两点。有一些未信者指责这是一种无害的幻想，他们说这是人类的想象力为弥补地上艰困生活的产物，就像小朋友的童话故事一样，所以才会有珍珠门和黄金街这类极为不可思议的说法。而如同有许多关于地狱的笑话一样，也有许多笑话是关于天堂的，而且经常都和使徒彼得有关。

甚至连犹太人也拿天堂来开玩笑，撒都该人（Sadducees）不相信天堂的存在，这就是为什么他们被称"看起来很悲伤（sad you see；译注：在英文中 sad you see 和 Sadducees 发音相同）"的原因了！你记住这个笑话了吗？有一次，他们来找耶稣说，"有一个女人，她的丈夫死了之后，兄弟娶了她，最后她有过七个丈夫。这样天堂会有多么混乱。当复活的时候，她是哪一个的妻子呢？"

他们说着的同时,一边彼此互看,一边嘲讽地笑着。耶稣则回答说:"你们不明白圣经,也不晓得神的大能。"祂说:"在天堂,人也不娶(对男性而言)也不嫁(对女性而言),因为他们不能再死,和天使一样。"顺带一提,耶稣就是在这段经文里面提到"天使不能再死"的。

其他的人则指责天堂不只是一种无害的幻想,还容易使人不去专注在该做的事上。他们说这是在逃避真实的生活,并使人容易妥协于不好的环境当中,成天只顾唱着圣歌。你还记得一首奴隶们在唱的歌吗?"我有鞋、你有鞋;当我去到天堂时,我要穿上我的鞋,走遍天堂每一处。(I got shoes; you got shoes; when I get to heaven, I'm gonna put on my shoes, gonna walk all over God's heaven.)"改革的人说:"教导奴隶们关于天堂是在让他们满足于没鞋可穿的困境。"但事实上,将这种对于天堂的盼望称为是"人们的镇静剂(the opiate of the people)"的是查尔斯·金斯莱(Charles Kingsley)这位《水孩子》(*Tom and the Water Babies*;繁体中文版由目川文化数位股份有限公司出版)的作家。事实上,他也是圣公会的神职人员。马克思(Karl Marx;译注:提出共产主义者)引用了这句话,并把它改为"人们的鸦片(the opium of the people;译注:镇静剂(opiate)是一种药物,帮助病人可以镇静;而鸦片(opium)则是一种毒品,会使人上瘾。两者皆由罂粟花所提炼)。"他说基督教是鸦片;鸦片是一种毒品,让人能满足于眼前不好的社会环境。

第六章 天堂的奖赏

我很担心，由于世人批评教会过多在谈论天堂，结果教会听从了世界，任凭世界来修订教会的方针，所以现在教会中几乎都不再谈到天堂。你是否注意到现代的诗歌几乎已经不再像过去一样，咏唱关于天堂的事物，更不用说关于地狱了？我们已经掉入了世人的批评中，并从太多思考未来摆荡到不去思考未来。我们必须要回到原本的道路之上，在神的话语上取得平衡。

所以，我想要来谈谈天堂这个主题。在圣经中，对于"天堂（heaven）"这个字的解释有很大的弹性。举例来说，它可以用来形容鸟类飞过的空气，例如鸟儿飞在空中。再往上一些，它可以被用来形容云朵所在之处。也可以用来形容超越云朵的天空。事实上，希伯来人认为天（heaven）有许多层，所以他们会说第三层天或第七层天。事实上，保罗就曾说，他认得一个人（大概是他自己）曾有过没有形体、类似魂游象外的体验。在那个过程中，他的灵造访了第三层天。因他看到的事情非常奇妙，神必须把一根刺加在他的肉体上，好使他可以保持谦卑。所以在圣经中，天（heaven）指的可能是许多不同的事物，而神的居所就在最高的天上。当你与神对话时，你就是在与天上（heaven）的神对话。

想要了解在圣经中的天堂，我们就需要去研究天与地之间的关系；不是从空间的角度，而是从属灵的角度。你会发现，在圣经的最开始，当罪还没进入世界之前，天与地是非常接近的——近到神可以散步到那里去，亚当也可以听见在天起了凉风的傍晚，神在园中行走的声音。可是当罪进到地上之后，你会发现天好像立刻就缩了回去，在天与地之间有深渊限定，以至于天上的神距离我们非常遥远。事实上，如果你想要祂听见你的声音，就必须求告耶和华的名。你必须要大声呼喊敬拜祂，这样祂才能听见你的声音。当你在阅读旧约圣经时，是否常有这样的感觉呢？

一个典型的案例就是雅各在伯特利所作的梦，他在那里看到一个巨大的梯子从地上一直伸到天上，神的使者在梯子上上去下来。这又是另外一条线索，为什么在旧约中出现的天使比新约中的要多那么多呢？这不只是因为旧约横跨了比较长的时间轴，更主要的原因就是，神住在最高的天上，我们则在地上。我们之间要如何才能沟通呢？答案就是透过天使。他们是神的使者，为我们将神的信息带下来，并把我们的信息带上去给神。所以你才会感觉到在旧约圣经中，天地之间始终有着巨大的深渊限定——离神所居住最高的天非常遥远。

但耶稣一来到地上，当中的深渊就封闭起来了；这真的很令人吃惊。我想要带你来看看耶稣在约翰福音第三章中所说的一件有趣的事——顺带一提的是，每个人都知道第 16 节的经文是什么，但却没有几个人知道第 14 节或第 12 节，但它们和第 16 节是一样重要的。这是其中的一节经文，耶稣说："除了从天降下仍旧在天的人子，没有人升过天。"你注意到祂说"仍旧在天"了吗？

第六章 天堂的奖赏

换句话说，当耶稣降下时，祂并没有离开天堂，而是把天堂和祂一起带了下来。天再一次与地连接在一起。天国近了，"近了"就表示是触手可及的。你可以伸手摸到天堂，所以天国就在这里。当耶稣降下时，天再一次与地连在一起，深渊再次被封闭，天堂变得非常真实、非常靠近。就算在地上之时，耶稣仍然活在天堂之中。"除了从天降下仍旧在天的人子，没有人升过天。"

然后，在约翰福音第三章的另一节经文中，耶稣说："我对你们说地上的事，你们尚且不信，若说天上的事，如何能信呢？"如果人们不相信耶稣所说关于今生的事，他们怎么可能会相信祂所说关于来世的事呢？祂是我们关于另一个世界的惟一可靠信息来源，因为祂是惟一一个去过那里并回来告诉我们的人。

现在就让我们来谈谈天堂。在圣经的最后，我们看见新天新地降临。这非常的重要，因为大部分人会认为上天堂是去另一个地方，但神对于地球的未来有一个计划，就是会有新地（译注：new earth；中文圣经翻译为新地，但英文的翻译也有"新的地球"的意思）。我很好奇你最后一次听到有传道人和你分享关于新地的事是在什么时候？我喜欢谈论关于新地的事。我记得有一次去到澳洲的悉尼，在离邦迪海滩（Bondi Beach；译注：悉尼知名的冲浪和日光浴胜地）大约五英里的地方讲道。我说："新地没有太阳，没有海，也没有性。"所有听到的人脸都沉了下来，看起来就像要立刻离开聚会，回到邦迪海滩去尽情地享受这三样东西。让我再告诉你一些其他的事物，虽然新地没有这三样东西，但你甚至连想都不会想到它们。新地将会非常的美妙，但它也会非常不一样。

但你知道吗？神不只想要救赎人类，祂也想要赎回所有的受造。祂要使一切都更新，而不只所有的人类，因为这颗可怜的老行星已经被严重地剥削和污染了。你知道吗？人文主义者认为地球将会是人类永远居住的星球，这就是为什么他们会如此恐慌的原因。对此，环保运动恐怕会变成一个宗教，想要来取悦地球这位母亲，并走回头路到对巴力的生育崇拜。不信的话，我们走着瞧。而基督徒虽然关心环境，但我们不需要恐慌，因为我们知道那位创造地球的神，也要来创造新地（球）。新地将会有一个新的城市，一个非常大的城市。

我在闲暇之余会尝试一些建筑设计，主要是教堂建筑的设计，使其看起来不像一般的教堂建筑，而是一个为神百姓预备的家。我对于建筑很感兴趣，而建筑师需要去面对的其中一个问题就是：如何规划出一个大型的建筑或城市，却同时能够将人口控制在一定的规模。我研究过许多"新的"城市——例如巴西的巴西利亚和澳洲的堪培拉。有趣的是，在这两个案例当中，他们都将原本的河道截住，再使其转向穿过市中心。这是在模仿新耶路撒冷的设计，但我并未在这两座新的城市中看到理想的人口规模。

第六章 天堂的奖赏

我已经迫不及待想要看看新耶路撒冷的建筑设计。神到底是如何去建造那么大的城市，却能使其生活环境如同乡村一般；保持人性化，同时也维持城市的大小。你知道那座神所经营、所建造、亚伯拉罕所等候的城市的大小吗？如果月球是空心的，它刚好可以被塞进去。它的大小大约是欧洲大陆的 2/3。每一边大约是 1500 英里，立体的建筑——可能是金字塔型或是立方体。我不知道神是如何规划的，但我已经迫不及待想要去看一看了。它将会是最完美的城市。你一看到就会说："我希望自己可以永远住在那里。"然后神会说："已经为你在那里保留了一个位子。"

我现在要向你证明圣经是神所默示，而且只可能是神透过人类的作者所写作的。我在一本非常有趣的书上学到一些东西。我不知道你是否知道什么是偏光？正常的光在碰到物体之后会朝着各个方向散射。光会从我们身上反射出去，所以正常光的光线会往各个方向散射。但偏光只会朝着直线的方向前进。所以如果你戴上有偏光镜片的太阳眼镜，镜片只会让直线前进的光线通过，所有散射的光则会被挡住。如果你将两片偏光的太阳眼镜镜片转到正确角度的话，你将会得到所谓的正交偏光（crossed-polarised light），这是一种非常纯净的光线。

接下来，我们要找一些女士们戒指或耳环上的宝石。我要告诉你一个惊人的事实。如果你从这些宝石或珠宝削下一层薄膜，再透过正交偏光（两片偏光的太阳眼镜镜片置于正确的角度）来看的话，你将会得到下列两种结果的其中一种。一种是宝石会呈现出彩虹的各种颜色，但各自有其独特的图案；另一种则是宝石会变黑，完全没有颜色。你想不想知道什么宝石会产生哪一种结果呢？（有些女士可能会因此很生自己丈夫的气！）举例来说，钻石、红宝石和石榴子石（garnet）在纯净的光线下会变成黑色的，但其他的宝石则会呈现出彩虹的各种颜色。我拥有一本由科学家所著的书，当中各种不同宝石呈现出彩虹的各种颜色，各自有其独特的图案。然而在新耶路撒冷，神只使用了那些会在纯净的光线下会呈现出彩虹各种颜色的宝石，其他的宝石则没有被使用。使徒约翰在写启示录的时候是绝对不可能知道这些的，因为偏光是几十年前才刚被发现，人类也是从那时候开始才知道透过偏光会产生这种现象的。那使徒约翰是如何知道的呢？你可以想象新耶路撒冷看起来会像是什么样子的吗？

还有另一个有趣的地方——宝石的形状。宝石的晶体形状各有不同，但所有使用在新耶路撒冷的宝石都是有棱有角，适合做为建筑之用的。相反的，其他宝石的结晶型态则像是圆形的弹珠，很难做为建筑之用，而在新耶路撒冷中，我们发现神并没有使用任何那样的宝石。约翰是如何知道这些的？只有神知道。容我再说一次，我之所以要提出这些证据的原因是因为我想要强调我们所说的并不是童话故事，而是非常真实的。对我而言，这就是圣经是神的圣灵所默示的明证，因为直到现代，除了神之外，并没有人知道这样的事。

在新耶路撒冷城中的生活会像是什么样的呢？经上说每个月树上都会结不同的果子。所以很明显的，水果会在饮食中扮演重要的角色。有一种只在圣经一开始时出现过的树木也会再次出现，就是生命树。生命树是一种可以提供各样矿物质、碳水化合物、蛋白质和必要维生素的树木，因为理论上我们的身体应该是可以不断延续下去的。事实上，身体是最有效率的机器，它们能够自我复制。你的皮肤大约每六周就会更换一次，你房间中大部分的灰尘其实就是你身上的死皮。理论上来说，你的身体可以不断地自我更新，只是实际上身体在这个过程中会不断老化，甚至连科学家也不知道详细的机制。而身体之所以会死亡腐朽的惟一原因就是因为它属于腐朽的罪人。如果我们一生圣洁，神是不会让我们的身体见朽坏的。

在新耶路撒冷城中的生活会像是什么样的呢？我有十四点想要和你分享——七点反面的和七点正面的。七是一个完全的数字，所以对天堂而言是很合适的数字。首先，在天堂——新耶路撒冷这个大都会的生活"不会"是什么样子的呢？顺带一提的是，城门会一直敞开着，所以你可以自由地去探索整个宇宙。你可以如同耶稣升天一样自由地进到太空，可以去火星度假，也可以去任何你想去的地方。这将会是多么美妙的宇宙探索！

就反面的部分来看，天堂的生活"不会"是什么样子的呢？我已经说过，天堂中不会有性。我们需要了解一个重点，婚姻是为了生命的延续而设的。婚姻无法存活在坟墓之中，所以我们才会说"直到死亡将我们分开"。如果你们再次相遇，你们会以兄弟姊妹，而不是夫妇的身份相遇。告诉他人说，他们的婚姻在死后会被更新是不正确的。摩门教教导，如果你是在摩门教的教堂结婚的话，你的婚姻就可以存到永远；但我相信耶稣所说的话才是正确的，而祂说的是，"你也不娶也不嫁"。这就是为什么如果夫妻有一方死亡的话，另一方可以毫无愧疚地与他人结婚。事实上，如果他们真的再婚，那可以算是对第一次婚姻的致敬。虽然有些人会觉得不应该那么做，但他们不需要感到如此。在天堂不会有性；因此就血统而言，血缘的关系已经结束了。在那里，你会属于另一个家庭。

其次，在天堂中不会受苦——没有医院、没有疗养院、没有墓园、没有痛苦、没有残障、没有畸形。可能会有疤痕，但那是荣誉的勋章。我相信耶稣的钉痕还是会存在，保罗也可能比其他人拥有更多疤痕，但那些是他身上代表骄傲和荣誉的疤痕。他曾为耶稣受苦，但是残障，没有；痛苦，没有；受苦，没有；分离，没有。

人生充满了离别，不是吗？我在机场的候机室花了许多时间，我喜欢借机观察人们的互动。有时人们会张开双臂，快速跑向对方，好像彼此融为一体；有时你则

第六章 天堂的奖赏

会看见他们悲伤，不情愿地转身离开。你在这当中可以看到许许多多的离别。但在天堂不会有离别。

由于海会将人们分隔开来，这可能就是为什么在天堂没有海的原因了。我们会说去到海外，而对犹太人来说，海是人与人分隔的障碍。在天堂不会有这样的障碍，不会有距离。不会有悲伤；我认为圣经中最棒的一段经文说到（在圣经的最后重复了两次），"神要擦去他们一切的眼泪"。你的父母是否曾经对你说："不要哭，不需要再哭了，不会有问题的。"神要擦去所有的眼泪；没有悲伤。没有阴影；没有黑暗；没有黑夜——纯洁的光会照亮各处；24小时；新耶路撒冷没有街灯，只有纯洁的光。没有圣殿；没有寺庙；没有大教堂；没有教堂——为此欢呼哈利路亚！它们只是一种累赘，不是吗？每年要花几百万去整修一座大教堂，但在新耶路撒冷，你将不会看到任何教会的尖塔，因为神就在那里，因此也就不需要再有任何指向天堂的提醒了。

没有罪、没有骄傲、没有贪婪、没有情欲、没有谎言；没有什么可以玷污或破坏天堂的，因此也没有试探。你能想象这样的情况吗？这都是你可以拥有的。你可以享受这一切。没有被禁止的事。分别善恶树不会再长出来，只有生命树。没有试探。那将会有多轻松啊！不再有咒诅，只有祝福。虽然这些都还只是反面的部分，它们就已经非常好了，但现在让我们来看看正面的部分。

首先，在天堂中会有安息，但不是坐在手扶椅上无所事事的那种。人们经常认为在天堂中有许多绣着"安息"的手扶椅。但在天堂中的安息并不是像那样的，因为那并非你真正想要的安息，你不会喜欢什么都不做的。安息就是去完成你享受去做的事，那是一种激发，使我们在完成之后更加容光焕发。这就是天堂的安息。圣经上说，我们会昼夜工作；昼夜不止息地服事神，会有24小时的轮班工作，却不会变累。我无法想象这种情况，你呢？

在天堂中会有奖赏。有些人认为奖赏是不道德的，他们认为不应该以奖赏来作为奖励。我不相信这样的说法，因为耶稣也给我们奖赏。祂说："你们在天上的赏赐是大的。"提醒你，这是很严肃的。当我进到铁幕（译注：指冷战时期东欧和苏联的共产国家）和竹幕（译注：指冷战时期亚洲的共产国家）时，我经常会想，"这些人比我们西方人所得的奖赏将要大上许多。我们就像在玩游戏一样。我们'玩'教会，但他们所得的奖赏将会是大的！"在天堂时，每个人的奖赏都不相同。天堂不是一个巨大的平等社会主义共和国，所有人得着的奖赏都是一模一样的。在天国，有些人会得到很大的奖赏，有些人则只会得到小的奖赏。

这让我想到第三件事——责任。天堂会有工作；但没有传道人、布道家或宣教士。他们是来照看神的宇宙的人；是在艺术和音乐方面充满创意的人。圣经上说到，

第六章 天堂的奖赏

"万国的珍宝必都运来",那将会有多少财富啊!如果你到以色列去,你会看到将近85个国家的人齐聚在此,他们带来了各自的音乐、舞蹈和艺术。这当中所成就的多元文化是何等丰富啊!全新的音乐会从中诞生。想一想,当世界各地的文化经由各族、各方、各民、各国的人进到这个城市,并结合了属于他们的文化、观点和丰富,那将会是何等美好的一个画面。

天堂会是一个启示的地方。你可以知道所有你想要知道的解答。你可以解决到底是预定论,还是自由意志的神学难题;也可以去找保罗,向他询问书信中所写的那些难解的内容。你可以想象这样的场景吗?你不用跟人说,"我可以借用你两分钟的时间吗?",而是对他说,"你介意我们花一千年来讨论这些问题吗?"一个启示的地方;一个你可以认识天堂,如同天堂认识你的地方;一个你可以认识神,如同神认识你的地方,而且神甚至连你头上有几根头发祂都知道。如果你是黑头发的,那你大概会有十二万根头发;如果你是棕色头发的,那你大概会有十万五千根头发;如果你是红头发的,那你大概会有九万五千根头发;但只有神知道正确的数目是多少。当然,当你变老时,这个工作可能会变得稍微容易一点,但祂就是如此地了解你。圣经上说,我们将不用像对着镜子观看,模糊不清,而是会像面对面一样。想想看,你所有的问题都可以得到解答。我们还有多少需要得到解答的问题,包括奥秘和我们不了解的事?事实上，身为基督徒，如果有人问了一个我们不确定的问题，最好的方法是直接承认我们不知道答案，并告诉他们说："我不知道答案，但我认识神，我相信祂一定知道答案是什么，所以有一天我也会知道。"而不是尝试要倚靠自己去强解所有的奥秘。我们不是神，但总有一天，我们会知道答案的。

天堂会是一个充满了公义和良善的地方，也充满了仁爱、喜乐、和平、忍耐、恩慈、慷慨、信实、谦卑和节制；想象着生活在一个只有善良的世界里会是什么样的景况。容我再说一次，天堂真的是超过我们所能想象的。天堂也会是一个充满喜乐的地方。每一幅天堂的照片都是快乐的照片——派对的照片，飨宴、筵席、欢庆的照片。在耶稣所说的话中，最令人感到惊奇的其中一件事就是祂说，"我必叫忠心的仆人坐席，自己束上带进前伺候他们。"想象到时候你会坐在桌前，看见面前摆放着一盘食物，当你抬起头时，看到竟然是耶稣帮你把食物端过来的，那会是什么样的感觉呢？我觉得自己可能会像彼得一样，不愿意让主来为他洗脚，但这是耶稣所说的。让我告诉你，如果有人读了这本书之后，愿意悔改他们的罪，天堂将会为他们预备好一个派对。每次有罪人悔改时，他们就为此欢庆。很难想象当众圣徒昂首阔步走进天堂时，那将会是一个怎样的光景呢？

天堂将会是一个"认得"的地方。"我怎么可能会认得在那里的人呢？"答案是：你立刻就会认得出来。彼得、

第六章 天堂的奖赏

雅各和约翰是如何认出和耶稣谈话的是摩西和以利亚呢？虽然他们已经过世好几个世纪了，但门徒们就是知道。对你而言也会是一样的。"挪亚怎么会站在那边呢？我一直都想要知道他长得像什么样子的。那边那两个是保罗和亲爱的老彼得。"让我们继续看下去。天堂还有更好的。

什么会让一个房子变成家？是合适的地毯，还是厨具呢？都不是。让房子变成家的是当中的人。家是一个你爱的人所在的地方，所以我们真正要问的是：谁会在那里？我相信有四种人会在那里。首先，圣徒会在天堂。他们当中有许多是我们曾经听说过的——伟大的圣徒，我们将能和他们谈话，认识他们，但也会有数以百万计的圣徒是我们不认识的。我们将会有永恒的时间去认识他们。这是不是很令人兴奋？圣徒会聚集在天堂；有许多不知名的，也有许多知名的。许多不知名圣徒都是在生命中得胜的一般人。你所有属灵的亲属都会在那里。你肉身的亲属不一定会在那里，但你属灵的亲属一定会在那里；那将会是一个大家庭。

在你信主后，你是否觉得自己与属灵的亲属比与肉身的亲属还要更亲近呢？当然，你有责任与你肉身的亲属继续保持联系。因为你可能会是他们和主耶稣之间的惟一连结，但在你的内心深处，你无法和他们像你和其他基督徒一样自由的分享。你可能会遇到一个陌生人，在发现他是基督徒后，才不到五分钟就已经像是熟识了20年的好友。你曾经注意到这样的状况吗？人们会惊讶地说："你认识这个人多久了？""我才刚认识他。""但是看你们谈话的样子就像已经认识了20年一样！""在某个程度上，确实如此。因为我们已经拥有同样的生活方式20年了，我们已经认识同样一位主20年了。"所以，圣徒会在天堂。

天使会在天堂。你可能会认得其中几位，但他们不会拿着竖琴，穿着白色的睡衣，也没有翅膀。我的意思是说，如果他们当真如此出现，你就不可能不知不觉就招待了天使。圣经说，"……曾有接待客旅的，不知不觉就接待了天使。"听好了，他们看起来和一般人一模一样。你可能因为让人家搭便车，而接待了天使，但你要等到在天堂之后才会发现。

一位年轻的女士曾经跟我说，她独自走在我们城市中某条阴暗的街道准备回家。一名年轻男子从阴影中跳出来，一把抓住她，要将她的衣服撕破，显然是要强暴她。她向万军之耶和华呼求时，另一名年轻男子突然从转弯处走了出来，把原本那名男子推开，拉住她的手臂说："来，海伦。我送你回家。"她回到家，把钥匙插入门锁，转身要向他道谢时，却发现他已经不见了，街道上一个人也没有。当她在荣耀中再次见到他时，她会认得他的。我们不需要知道谁是天使，而是需要对神有信心，知道祂已经差遣祂的大军环绕在我们周围。我们到时将会认得他们，并说："怎么会呢？我让你搭过便车。我还以为你只是个路人而已。"要知道天使一直都在我们的周围。所以，天使会在天堂。

第六章 天堂的奖赏

耶稣会在天堂——有角的羔羊（译注：作者意指耶稣不是一般想象的柔弱羔羊，而是那已经长了角的一岁成熟公羊）和狮子。祂说，"我必再来接你们到我那里去，我在哪里，叫你们也在哪里。"祂所说的地方就是天堂。我不知道我会先看到祂的脸，还是祂的手——但我可能会从其中一个处看到另一处。无论我们如何感谢祂，祂可能只会对我们说："这些不是为了我自己，而是为天父做的。我将世上的国重新得回，好把国交于祂，叫祂在万物之上、为万物之主。"这也是我生命的高潮。

神会在天堂。祂将以君王的身份来显明自己。你会见到祂的宝座；你会敬拜祂，但你还是可以称呼祂是"阿爸"、"爹地"或"天父"。我在圣经中发现一件最令人震惊的事，许多基督徒却从来没有注意到。圣经并没有说我们会与天父永远住在天堂。恰好相反的是，圣经说："天父会搬到地上，与我们永远住在一起。"这是不是很令人震惊？你知道吗？新耶路撒冷会从天而降，但降下来的不只是新耶路撒冷而已，神自己也会从天而降，甚至连众天使都将为之感到惊奇。他们说："看哪，神的帐幕在人间！"不是人的居所上到天上与神同在，而是神的帐幕在人间。

这是最令人震惊的真相。在人类历史的终点，神要更改祂的住址，搬来与我们同住。天使已经来到地上，祂儿子耶稣也来到地上，但圣经的高潮是，神要搬家。祂会与我们一同住在新地，这里将会是新宇宙的中心。

这是不是很了不起呢？神由最高的天搬到地上来。我们将不再说："我们在天上的父。"而是说："与我们同住在地上的父。"这就是圣经的高潮。神如此爱我们，竟然愿意搬来与我们同住。祂要做我们的神，好使我们可以做祂的子民，而在圣经的最后，神的帐幕将在人间——以马内利，神与我们同在。

关于天堂的教导，到此要告一个段落了。如果花更多时间在这上面的话，我们可能也会开始对地上这一切感到不耐烦，以至于我们在地上没了用处。关于天堂的真实，神已经告诉我们够多的内容，帮助我们可以确信它的存在，并且知道它正在被预备。不只是天堂，还有新天新地。而这个建造在太空的新耶路撒冷将成为神国的首都。在圣经的最后说到，天国会建立在地上，正如我们所祷告的："愿你的国降临……在地上，如同……在天上。"阿们。

www.ingramcontent.com/pod-product-compliance
Lightning Source LLC
Chambersburg PA
CBHW071523080526
44588CB00011B/1538